Готварска книга за съкровищата на Тирамису

50 ВКУСНИ ОБРАТА НА РЕЦЕПТИ ЗА ТИРАМИСУ,
ОТ ЗАКУСКА ДО ДЕСЕРТ

Ивалина Васова

Материали с авторски права ©2023

Всички права запазени

Никаква част от тази книга не може да бъде използвана или предавана под каквато и да е форма или по какъвто и да е начин без надлежното писмено съгласие на издателя и собственика на авторските права, с изключение на кратките цитати, използвани в рецензията. Тази книга не трябва да се счита за заместител на медицински, правен или друг професионален съвет.

СЪДЪРЖАНИЕ

СЪДЪРЖАНИЕ	3
ВЪВЕДЕНИЕ	7
ЗАКУСКА	8
1. Палачинки Тирамису	9
2. Тирамису за една нощ с овесени ядки	12
3. Закуска Тирамису	15
4. Запеканка за закуска Тирамису	17
5. Тирамису палачинки	19
6. Палачинки Тирамису	22
7. Вафли Тирамису	25
8. Тирамису тост	27
9. Мъфини за закуска Тирамису	29
10. Тирамису бишкоти	31
МЕЗЕТА	34
11. Тирамису Fat Bomb	35
12. Хапки тирамису	37
13. Тирамису дип	39
14. Тирамису Бомболони	41
15. Протеинови блокчета Тирамису	45
16. Тирамису бисквитени топчета	48
17. Тирамису Twists	50
18. Тирамису понички	52
19. Тирамису лакомства	56
ОСНОВНО ЯСТИЕ	59
20. Пиле тирамису	60
21. Салата Тирамису	62

22. Тирамису Ризото — 64

ДЕСЕРТ — 67

23. Сирене Маскарпоне Тирамису — 68
24. Веган Тирамису — 70
25. Тирамису с ром — 72
26. Мини тирамису дреболии — 74
27. Сладолед Тирамису — 77
28. 2 Тарти с тирамису — 80
29. Чаши за пудинг Тирамису с бял шоколад — 83
30. Тирамису с лимон — 85
31. Пай Тирамису с тиквени подправки — 88
32. Тирамису Упи пайове — 91
33. Тирамису Чийзкейк — 94
34. Мангомису — 97
35. Матча Тирамису — 100
36. Тирамису с мус от шоколад и карамел — 103
37. Тирамису пот де крем — 106
38. Тирамису кексчета — 109
39. Мини чаши за тирамису — 112
40. Тирамису крем бутерки — 114
41. Сладък картофен пай Тирамису — 117
42. Чаша Класическо Тирамису — 120
43. Торта Тирамису — 122
44. Тирамису мус за пълнеж на печива и сладкарски изделия — 125
45. Чуромису — 127
46. Чаша Тирамису с червени плодове — 129
47. Тирамису флан без лактоза — 131
48. Тирамису брауни без лактоза — 133
49. Тирамису с лайм — 135

50. Тирамису с чай матча, ябълка и лайм	138
51. Тирамису Упи пайове	141
52. Орео Тирамису	144
53. Амарето тирамису	147
54. Тирамису с горски плодове	149
55. По-добро от тирамису в ресторант	151
56. Черешово тирамису	153
57. Тирамису на Делауренти	155
58. Лесно бананово тирамису	157
59. Тирамису от горски плодове на Емерил	159
60. Замразено тирамису от лешници и мандарини	161
61. Замразени мелби тирамису	164
62. Тирамису от горски плодове	167
63. Годива тирамису	169
64. Замразено тирамису	171
65. Мока мамбо торта тирамису	173
66. Тирамису на Le Latini	175
67. Тирамису с лимонови плодове	177
68. Тирамису с ниско съдържание на мазнини	179
69. Тирамису пай на Mr. food	181
70. Тирамису с прасковено бренди	183
71. Тирамису с аромат на портокал	185
72. Тирамису от маслинова градина	187
73. Вземи ме (тирамису)	189
74. Бързо калуа тирамису	191
75. Тирамису с малини и кафе	193
76. Тирамису с бял шоколад	196
77. Тирамису от бял шоколад с горски плодове	198
78. Тирамису Kahlua и Grand Marnier	201

79. Коледно тирамису	203
80. Любимото тирамису на семейството	206
81. Хонконгско тирамису	208
82. Тирамису на Состанца	211
83. Тирамису без яйца	213
84. Марсала Тирамису	215
85. Тирамису корона	217
86. Тирамису тане	219
87. Тирамису семифредо	221
88. Джин-мису	224
89. Тирамису с нутела	226
90. Тирамису от манго и макадамия	229
91. Тирамису сладко	231

НАПИТКИ — **234**

92. Тирамису маршмелоу шейк	235
93. Кокосов шейк Тирамису	237
94. Тирамису Мартини	239
95. Студено тирамису лате	241
96. Тирамису Коктейл с ром	243
97. Тирамису смути с бисквитка	245
98. Тирамису бананово смути	247
99. Гореща напитка Тирамису	249
100. Крем де Тирамису	251

ЗАКЛЮЧЕНИЕ — **253**

ВЪВЕДЕНИЕ

Ако обичате Тирамису, тогава тази готварска книга е задължително допълнение към вашата кухня! Нашата готварска книга за съкровищата на Тирамису е пълна със 100 неустоими рецепти за Тирамису, които ще отведат вкусовите ви рецептори на сладко пътешествие. От класическо Тирамису до уникални и творчески вариации, тази готварска книга има всичко.

Всяка рецепта е красиво представена с пълноцветна фотография, което позволява лесно да се види колко вкусен ще изглежда готовият продукт. Включихме и съвети и трикове за създаване на перфектното Тирамису, за да можете да станете майстор на този популярен италиански десерт.

Независимо дали сте домакин на вечеря, празнувате специален повод или просто искате да се поглезите със сладко удоволствие, нашата Готварска книга за съкровищата на Тирамису има по нещо за всеки. С рецепти, вариращи от класически до модерни, със сигурност ще намерите новата си любима рецепта за Тирамису в тази готварска книга!

ЗАКУСКА

1. **Палачинки Тирамису**

Прави: 2 порции

СЪСТАВ:
- 1¾ чаши старомодни валцувани овесени ядки
- 1½ супени лъжици микс за ванилов желе пудинг без захар
- 2 супени лъжици разтворимо еспресо
- 1½ чаена лъжичка какао на прах
- 1½ чаена лъжичка бакпулвер
- 1 чаена лъжичка сода бикарбонат
- ½ чаена лъжичка канела
- ¼ чаена лъжичка сол
- 2 супени лъжици кокосово масло, разтопено
- 1 супена лъжица кленов сироп
- 1 голямо яйце
- 1 чаена лъжичка ванилов екстракт
- 1 чаша 2% нискомаслено мляко
- Бита сметана, за сервиране
- Шоколадови стърготини, за сервиране

ИНСТРУКЦИИ:

a) Добавете всички съставки, с изключение на разбитата сметана и шоколадовите стърготини, в блендер.

b) Разтопеното кокосово масло може да се втвърди, когато се комбинира с по-студени съставки, така че можете леко да затоплите млякото, за да предотвратите това, ако желаете.

c) Разбийте всичко в блендера, докато получите гладка течност.

d) Изсипете палачинковата смес в голяма купа.

e) Оставете тестото да почине за 2 до 3 минути. Това позволява на всички съставки да се съберат и придава на тестото по-добра консистенция.

f) Напръскайте незалепващ тиган или решетка обилно с растително масло и загрейте на среден огън.

g) След като тиганът е горещ, добавете тестото с помощта на мерителна чаша с ¼ чаша и изсипете тестото в тигана, за да направите палачинката. Използвайте мерителната чашка, за да оформите палачинката.
h) Гответе, докато страните изглеждат стегнати и се образуват мехурчета в средата, след което обърнете палачинката.
i) След като палачинката се изпече от тази страна, отстранете палачинката от котлона и я поставете в чиния.
j) Продължете тези стъпки с останалата част от тестото.
k) Отгоре поръсете с разбита сметана и шоколадови стърготини.

2. Тирамису за една нощ Овесени ядки

Прави: 2 порции

СЪСТАВ:
- 1 чаша старомоден валцуван овес
- 1 супена лъжица семена от чиа
- 3 супени лъжици неподсладено какао на прах
- 2-3 супени лъжици кленов сироп - ванилия стевия
- ¾ чаша бадемово мляко
- ½ чаша сварено кафе
- 1 чаена лъжичка екстракт от ванилия

СЛОЕВЕ
- 1 чаша кисело мляко по избор - ние използвахме кокосово кисело мляко или соево кисело мляко
- 2 супени лъжици ванилов протеин на прах
- 1 супена лъжица кленов сироп
- 1 чаена лъжичка неподсладено какао на прах - за прах отгоре

ИНСТРУКЦИИ:

a) В купа за смесване добавете старомодни валцувани овесени ядки, семена от чиа, какао на прах, подсладител, бадемово мляко и кафе.
b) Разбийте за 1-2 минути или докато се смесят напълно. Можете също така да поставите съставките в стъклен буркан, да разклатите енергично и да оформите последователна шоколадова смес. Няма да е дебело и това е нормално.
c) Опитайте сместа и коригирайте подсладителя, като добавите още сега или по-късно като топинг.
d) Покрийте купата с капак или затворете буркана и го поставете в хладилника за една нощ.
e) На следващия ден пригответе ваниловия крем с кисело мляко, като разбъркате заедно киселото мляко, протеиновия прах и кленовия сироп. Ако е твърде гъсто, добавете още кисело мляко или малко бадемово мляко
f) Сервирайте овесените ядки за една нощ на слоеве във висок стъклен буркан. Редувайте слой овесени ядки и кисело мляко за една нощ, завършвайки с кисело мляко по-късно отгоре.
g) Накрая поръсете неподсладено какао на прах отгоре и се насладете.

3. **Закуска Тирамису**

Прави: 2

СЪСТАВ:
- ¾ чаша рикота, пълномаслено мляко или обезмаслено
- 1 супена лъжица гранулирана бяла захар
- ¼ чаена лъжичка чист екстракт от ванилия
- 8 хрупкави дамски пръстчета
- ¾ чаша еспресо или силно сварено черно кафе
- ¼ чаша нарязан полусладък шоколад
- Пресни горски плодове

ИНСТРУКЦИИ:
a) В малка купа разбийте рикотата със захарта и ваниловия екстракт. Опитайте на вкус и добавете още захар и/или ванилия, ако е необходимо.
b) Поставете еспресото в голяма плитка купа.
c) Сложете около 2 супени лъжици от сместа с рикота във всяка купа. Поръсете с малко шоколад и малко горски плодове. Потопете дамските пръсти в кафето и сложете по 2 дамски пръста във всяка купа. Повторете слоевете: сирене, шоколад, горски плодове и дамски пръсти.
d) Покрийте всяка купа с найлоново фолио и поставете в хладилника за поне четири до шест часа, за да позволите на слоевете да се смесят. Сервирайте студено.

4. Запеканка за закуска Тирамису

Прави: 2

СЪСТАВ:
- 2 големи яйца
- 2 супени лъжици тежка сметана
- ½ чаша сварено кафе
- 1 чаена лъжичка ванилов екстракт
- 2 супени лъжици светлокафява захар
- 1 чаена лъжичка смляна канела
- 4 чаши нарязан на кубчета еднодневен италиански хляб
- спрей за готвене
- какао на прах или сладкарска захар

ИНСТРУКЦИИ:
a) Напръскайте 1-литров съд за печене, подходящ за фурна, със спрей за готвене.
b) В голяма купа добавете яйцата, кафето и екстракта от ванилия и разбийте до гладкост; след това добавете захарта и канелата и разбъркайте добре.
c) Нарежете италианския хляб на кубчета с размер на хапка; след това го добавете към яйчената смес. Разбъркайте с лъжица, докато хлябът се покрие, поставете в съда за печене; след това увийте плътно и охладете за една нощ.
d) Когато сте готови да готвите, загрейте гювеча до стайна температура за около 15 минути, докато загрявате фурната до 350 градуса F.
e) Гответе около 20 минути, докато яйцето се свари; след това извадете от фурната, гарнирайте по желание и сервирайте горещо с топъл кленов сироп.

5. Тирамису палачинки

Прави: 10 порции

СЪСТАВ:
- 4 големи яйца
- ¾ чаша 2% мляко
- ¼ чаша клубна сода
- 3 супени лъжици масло, разтопено
- 2 супени лъжици силно сварено кафе
- 1 чаена лъжичка ванилов екстракт
- 1 чаша универсално брашно
- 3 супени лъжици захар
- 2 супени лъжици какао за печене
- ¼ чаена лъжичка сол

ПЪЛНЕЖ:
- 8 унции сирене маскарпоне
- 8 унции крема сирене, омекотено
- 1 чаша захар
- ¼ чаша кафеен ликьор или силно сварено кафе
- 2 супени лъжици ванилов екстракт
- По желание: Шоколадов сироп и бита сметана

ИНСТРУКЦИИ:

a) В голяма купа разбийте яйцата, млякото, содата, маслото, кафето и ванилията. В друга купа смесете брашното, захарта, какаото и солта; добавете към яйчената смес и разбъркайте добре. Охладете, покрийте, 1 час.

b) Загрейте леко намазнен 8-инчов. незалепващ тиган на среден огън. Разбъркайте тестото. Напълнете мярка от ¼ чаша наполовина с тесто; изсипете в центъра на тигана. Бързо повдигнете и наклонете тигана, за да покриете равномерно дъното.

c) Гответе, докато горната част изглежда суха; обърнете крепа и гответе, докато дъното се сготви, още 15-20 секунди. Извадете върху решетка. Повторете с останалото тесто, като намаслите тавата, ако е необходимо. Когато се охлади, подредете креповете между парчета восъчна хартия или хартиени кърпи.

d) За плънката в голяма купа разбийте сиренето и захарта до пухкава смес. Добавете ликьор и ванилия; разбийте до гладкост. Сложете около 2 супени лъжици пълнеж в центъра на всеки креп; навивам. По желание гарнирайте с шоколадов сироп и бита сметана.

6. Палачинки Тирамису

Прави: 12 палачинки

СЪСТАВ:
- 2 чаши универсално брашно
- 2½ чаени лъжички бакпулвер
- ½ чаени лъжички сода бикарбонат
- 3 супени лъжици захар
- 1½ чаши мътеница
- ½ чаша силно кафе
- 2 супени лъжици екстракт от кафе
- 2 чаени лъжички + ½ чаена лъжичка ванилов екстракт, разделени
- 2 яйца
- 3 супени лъжици несолено масло, разтопено
- ½ чаша ситно нарязан черен шоколад, разделен
- 8 унции омекотено сирене маскарпоне
- 2 супени лъжици пудра захар
- Какао на прах за украса
- Кленов сироп за заливане

ИНСТРУКЦИИ:

a) Загрейте фурната на 250 градуса.
b) Разбийте заедно брашно, бакпулвер, сода за хляб и захар в голяма купа.
c) Измерете мътеницата в голяма мерителна чаша, добавете кафе, екстракт от кафе, 2 супени лъжици ванилия и яйца. Разбийте, докато се комбинират. Добавете към брашнената смес заедно с разтопеното масло и ¼ чаша нарязан шоколад. Разбийте само докато се комбинират. Оставете тестото да престои пет минути.
d) Добавете маскарпонето, пудрата захар и останалата ванилия в малка купа. Разбийте, докато се комбинират.
e) Загрейте тиган с незалепващо покритие или тиган на средна температура. Изсипете ¼ чаша тесто върху тигана. Изсипете толкова, колкото се поберат на скарата. Гответе, докато краищата станат златистокафяви и мехурчетата излязат на върха на тестото, обърнете и гответе още 1-2 минути. Добавете приготвените палачинки в тава за печене и ги дръжте на топло във фурната.
f) След като всички палачинки са изпечени, наредете по три върху всяка чиния. Отгоре намажете с ¼ от маскарпонето.
g) Поръсете с нарязан шоколад и поръсете с какао на прах. Сервирайте с кленов сироп.

7. Вафли Тирамису

Прави: 12

СЪСТАВ:
- 8 унции крема сирене, омекотено
- ½ чаша захар
- ½ чаша сироп с вкус на шоколад
- 8 унции замразен разбит топинг, размразен
- 1 ½ чаши микс Bisquick
- 1 чаша захар
- ⅓ чаша какао за печене
- ¾ чаша вода
- 2 супени лъжици растително масло
- 2 яйца
- 1 чаша горещо кафе
- Допълнително какао за печене по желание

ИНСТРУКЦИИ:

a) За да приготвите Тирамису Топинг, разбийте крема сиренето, ½ чаша захар и шоколадовия сироп в голяма купа с електрически миксер на средна скорост до гладкост. Внимателно разбъркайте разбития топинг, докато се смеси. Охладете докато правите гофрети.
b) Загрейте гофретника; грес, ако е необходимо.
c) Разбъркайте останалите съставки с изключение на кафето и допълнителното какао, докато се смесят. Изсипете тестото с малко по-малко от 1 чаша върху центъра на горещия гофретник.
d) Печете около 5 минути или докато парата спре. Внимателно извадете вафлата. Намажете гофретите с кафе.
e) Лъжица Тирамису топинг върху вафли; поръсете с какао.

8. Тирамису тост

Прави: 2

СЪСТАВ:

ЗА ТОСТА:
- 1 голямо яйце
- 1 супена лъжица бяла захар
- 2 супени лъжици силно сварено еспресо
- ¼ чаена лъжичка ванилов екстракт
- 2 филийки еднодневен италиански хляб

ЗА ЗАЛИВКАТА ОТ МАСКАРПОНЕ:
- 3 супени лъжици сухо вино Марсала
- 1 супена лъжица бяла захар
- ½ чаша сирене маскарпоне
- 1 малка щипка сол

ИНСТРУКЦИИ:

a) Загрейте фурната до 375 градуса F.
b) Застелете тава за печене с алуминиево фолио.
c) Чукнете едно яйце в тава за печене. Добавете бяла захар, еспресо и ванилов екстракт. Разбийте, за да се комбинират. Поставете филиите хляб в съда и хвърлете в сместа, за да се наситни; оставете да престои 10 до 15 минути, за да се абсорбира напълно.
d) Прехвърлете филийките хляб в подготвената тава и напръскайте натрупаната течност от кафената смес отгоре.
e) Печете тост в центъра на предварително загрятата фурна, докато кремът се сготви и хлябът леко отскочи при докосване, 20 до 25 минути. Прехвърлете резените върху решетка, за да се охладят до стайна температура.
f) През това време налейте вино в тенджера. Добавете захарта и гответе на умерен огън, докато се намали до около 1 супена лъжица. Свалете от огъня и оставете да изстине.
g) Поставете сиренето маскарпоне в купа и добавете охладено вино и много малка щипка сол. Разбъркайте с шпатула, докато се смесят. Охладете преди намазване или намазване върху охладен тост. Отгоре поръсете с настърган шоколад.

9. Мъфини за закуска Тирамису

Прави: 24 мъфина

СЪСТАВ:
МЪФИНИ
- 2 чаши универсално брашно
- 2 супени лъжици какао на прах
- 1 супена лъжица бакпулвер
- 3 супени лъжици еспресо на прах
- 10 супени лъжици несолено масло, омекотено
- 1 чаша изключително фина гранулирана захар
- 2 яйца
- ½ чаша маскарпоне
- ½ чаша обикновено гръцко кисело мляко
- 1 чаша мляко

ТОПИНГ
- 2 супени лъжици какао на прах

ИНСТРУКЦИИ:

a) Загрейте фурната до 375°F. Застелете форма за мъфини с хартиени подложки и оставете настрана.
b) В голяма купа разбийте брашното, какаото, бакпулвера и еспресото на прах.
c) В купата на миксер разбийте заедно маслото и захарта, докато станат светли и пухкави. Изстържете стените на купата, ако е необходимо.
d) Добавете яйцата едно по едно, като разбивате добре след всяко добавяне.
e) Разбийте маскарпонето и гръцкото кисело мляко, докато се смесят напълно. Редувайте смес от брашно и мляко и разбъркайте добре.
f) Напълнете формите за мъфини до ¾ от размера и печете 25-30 минути или докато клечка за зъби, поставена в центъра, излезе чиста.
g) Отгоре поръсете какао на прах.

10. Тирамису бишкоти

Прави: 24 бисквитки

СЪСТАВ:
- 6 супени лъжици несолено масло, омекотено
- 1 чаша гранулирана захар
- 2 големи яйца
- ½ чаена лъжичка ванилия
- 2 супени лъжици сладко вино марсала
- 2 чаши универсално брашно
- ½ чаша неподсладено какао на прах
- 1 чаена лъжичка сода бикарбонат
- 1 чаена лъжичка сол
- ¾ чаша полусладък шоколадов чипс
- ¾ чаша бял шоколадов чипс
- 1 унция еспресо или силно сварено кафе

ИНСТРУКЦИИ:
a) Загрейте фурната до 350 градуса и постелете два листа с хартия за печене.
b) В купата на миксер смесете маслото и захарта. Изстържете купата.
c) Добавете яйцата, едно по едно, като разбивате и остъргвате между всяко добавяне.
d) Разбийте ванилията и виното марсала.
e) В отделна купа разбъркайте заедно брашното, какаото на прах, содата и солта. Добавете към сместа в миксера и разбъркайте на ниска скорост, докато се смесят. Разбъркайте чипса. Тестото трябва да е много твърдо.
f) Разделете тестото наполовина между двата листа за печене. Намокрете ръцете си и оформете всяка половина от тестото в дънер с дължина около 9,5 инча, ширина 2 инча и височина ¾ от инча.
g) Печете около 30 до 35 минути, като завъртите тавите на 180 градуса и смените тавите отгоре надолу по средата, за да осигурите равномерно изпичане.

h) Извадете тавите от фурната и ги оставете да изстинат за 5 до 10 минути. Намалете температурата на фурната до 325.
i) Внимателно прехвърлете всеки труп върху дъска за рязане.
j) Намажете всяко дъно с кафето с четка за сладкиши. Използвайте назъбен нож, за да нарежете всеки труп диагонално на ¾-инчови ленти. Не забравяйте да режете право нагоре и надолу.
k) Поставете нарязаните бисквити обратно върху покрития с пергамент лист за печене, изправени.
l) Печете още 30 минути, докато бисквитите изсъхнат.
m) Охладете напълно върху решетка, след което прехвърлете в херметически затворен контейнер за съхранение.

МЕЗЕТА

11. **Тирамису Fat Bomb**

Прави: 14

СЪСТАВ:
- 10 унции сирене маскарпоне, омекотено
- 1 чаена лъжичка екстракт от ром, без захар
- 4 унции подсладител Swerve, сладкар
- 1 чаена лъжичка разтворимо кафе

ЗА ПОКРИТИЕТО:
- ½ унции черен шоколад, неподсладен
- 2 супени лъжици какаово масло

ИНСТРУКЦИИ:
a) Поставете силиконова форма за кекс или бонбони върху плота и оставете настрана. За 5 минути разбийте заедно маскарпонето, екстракта от ром, Swerve и разтворимото кафе в кухненски робот или миксер, докато стане гладка смес.
b) Пригответе отделни чаши, като загребвате приблизително 2 чаени лъжички от разбитата смес във всяка чаша и ги замразявате за 2 часа.
c) Междувременно разтопете какаовото масло и черния шоколад заедно в тенджера на слаб огън, докато не останат бучки.
d) Изваждане на формата от фризера за около 10 минути, след като е била отстранена от котлона. Веднага след като поставите формата върху плота, наслоете линията за печене върху две чинии. Забийте клечка за зъби през горната част на масленната бомба и я потопете в леко топлия разтопен шоколад. Прехвърлете в чиния за сервиране, след като сосът е покрит.
e) Мастните бомби ще трябва да бъдат потопени във водата за около 3 до 4 минути наведнъж, преди да бъдат поставени във фризера по 15-минутен ротационен график.
f) Можете да ги изядете веднъж или да ги съхранявате във фризера до 3 месеца в добре затворен съд.

12. Хапки тирамису

Прави: 4 порции

СЪСТАВ:
- 12 филийки паунд торта
- ¼ чаша вода
- 1 ½ чаени лъжички разтворимо кафе на гранули
- 1 ½ чаени лъжички екстракт от ром
- 8 унции сирене маскарпоне
- ¼ чаша пудра захар
- ½ чаша сметана за разбиване
- ½ oz полусладък шоколад за печене
- 24 зърна кафе еспресо по желание

ИНСТРУКЦИИ:
a) Подредете 24 мини чаши за мъфини с petit four хартиени чаши.
b) Изрежете по 2 кръга от всяко парче торта. Поставете 1 торта на дъното на всяка чаша.
c) В малка купа смесете вода, кафе на гранули и ½ чаена лъжичка екстракт от ром. Капнете около ½ чаена лъжичка от сместа за кафе върху тортата във всяка чаша за мъфини. Заделени.
d) В средна купа разбийте сиренето, пудрата захар и останалата 1 чаена лъжичка екстракт от ром с електрически миксер на средна скорост до кремообразна смес. В друга средна купа разбийте сметаната на висока скорост, докато се образуват меки върхове. На ниска скорост разбийте сместа със сирената на бита сметана. С лъжица или тръба заоблена супена лъжица смес от бита сметана във всяка чаша, покривайки тортата.
e) Върху всяка чаша настържете полусладък шоколад. Отгоре всяка сложете по едно зърно кафе. Охладете за поне 4 часа, за да се смесят вкусовете. Съхранява се покрито в хладилник.

13. Дип Тирамису

Прави: 4 порции

СЪСТАВ:
- 1 чаша тежка сметана за разбиване, охладена
- 1 супена лъжица еспресо на прах
- 4 унции крема сирене, омекотено
- 8 унции сирене маскарпоне
- ½ чаша пудра захар, пресята
- 1 чаена лъжичка чист екстракт от ванилия
- 2 супени лъжици неподсладено какао на прах
- Дамски пръсти, ванилови вафли или плодове за потапяне

ИНСТРУКЦИИ:
a) Разбъркайте заедно сметаната и еспресото на прах в купа, докато се разтворят.
b) Междувременно в средна купа разбийте крема сиренето с електрически миксер до гладка и кремообразна смес.
c) Добавете сиренето маскарпоне и разбийте до гладкост. Добавете пудра захар и ванилов екстракт; разбийте на ниска скорост с електрически миксер, докато се смесят.
d) Добавете сместа от тежка сметана и еспресо и увеличете скоростта до висока и разбивайте, докато се образуват меки върхове – не прекалявайте.
e) Поставете в купа за сервиране и поръсете с какао на прах.
f) Сервирайте с дамски пръсти, ванилови вафли или плодове.

14. Тирамису Бомболони

Прави: около 32 бомболони

СЪСТАВ:
ЗА ТЕСТОТО:
- ¾ чаша пълномаслено мляко
- 1 ¼-унция пакет активна суха мая
- 3 супени лъжици гранулирана захар
- 3 чаши универсално брашно, плюс още за поръсване
- 1 чаена лъжичка кошер сол
- 2 големи яйца
- 1 чаена лъжичка чист екстракт от ванилия
- 2 супени лъжици несолено масло, нарязано на малки парченца, на стайна температура
- Спрей за готвене
- Растително масло, за пържене

ЗА ПЪЛНЕЖА:
- 1 чаша пълномаслено мляко
- ⅓ чаша гранулирана захар
- 1 ½ чаени лъжички разтворимо еспресо на прах
- ⅛ чаена лъжичка кошер сол
- 2 големи жълтъка
- 3 супени лъжици царевично нишесте
- 2 супени лъжици студено несолено масло, нарязано на малки парченца
- 1 чаена лъжичка чист екстракт от ванилия
- ½ чаша сирене маскарпоне, на стайна температура

ЗА ГЛАЗУРАТА:
- 2 чаши сладкарска захар
- ¼ чаша сухо вино Марсала, плюс още, ако е необходимо
- Щипка кашерна сол
- Какао на прах, за поръсване

ИНСТРУКЦИИ:

a) Направете тестото: Затоплете млякото в малка тенджера на слаб огън до 105 градуса F до 115 градуса F. Прехвърлете в малка купа; разбъркайте маята и кристалната захар. Оставете настрана, докато стане пяна, 7 до 10 минути. Междувременно разбийте брашното и солта в купата на миксер.

b) Добавете сместа с маята, яйцата и ванилията към миксера. Разбъркайте на средна скорост с куките за тесто, докато се оформи рошава топка тесто, 1 до 2 минути. Смесете маслото, 1 парче наведнъж. Продължете да месите тестото с миксера, като от време на време остъргвате стените и дъното на купата с гумена шпатула, докато стане гладко и еластично, около 6 минути. Намажете леко голяма купа със спрей за готвене и прехвърлете тестото в купата, като обърнете, за да намажете. Покрийте плътно с найлоново фолио и оставете да втаса на топло място, докато удвои обема си, около 1 час.

c) Направете пълнежа: Комбинирайте ¾ чаша мляко, гранулираната захар, еспресото на прах и солта в малка тенджера и гответе на среден огън, като разбърквате, докато захарта се разтвори и млякото започне да пара. Разбийте останалата ¼ чаша мляко с жълтъците и царевичното нишесте в средна купа. Постепенно разбийте топлата млечна смес в яйчената смес, след което изсипете сместа в тенджерата. Оставете да къкри, като разбърквате непрекъснато, докато стане много гъста, около 3 минути. Прецедете крема през фино сито в купа, като го избутате с гумена шпатула. Разбъркайте маслото и ванилията до гладкост. Поставете парче найлоново фолио директно върху повърхността на крема и охладете за 30 минути.

d) Сложете маскарпонето в средно голяма купа. Разбийте охладения крем, една голяма лъжица наведнъж, докато стане гладък. Прехвърлете в торбичка, снабдена с ¼-инчов кръгъл накрайник. Охладете до готовност за употреба.

e) Набрашнете леко 2 листа за печене. Обърнете тестото върху леко набрашнена повърхност и внимателно потупвайте до дебелина ½ инча. Изрежете около 32 кръга с помощта на 1 ½-инчов нож; подредете на 1 инч едно от друго върху подготвените листове за печене и леко покрийте върховете им със спрей за готвене. Покрийте с найлоново фолио и оставете да втаса, докато бухне, около 1 час.

f) Загрейте 2 инча растително масло в голяма тенджера на среден огън, докато термометърът за дълбоко пържене регистрира 340 градуса F. Междувременно направете глазурата: Разбийте сладкарската захар, Марсала и щипка сол в средна купа, разредете с повече марсала, ако е необходимо. Покрийте и оставете настрана.

g) Работейки на партиди, изпържете бомболоните за 30 секунди, след това обърнете и продължете да пържите, като обръщате от време на време, докато покафенеят, още около 2 минути. Извадете с решетъчна лъжица върху покрита с хартиена кърпа тава за печене, за да се отцеди. Оставете да изстине.

h) Поставете клечка или шишче отстрани на всеки бомболони и разклатете, за да оформите малък джоб. Изсипете пълнежа и поръсете горната част с какао на прах. Залейте с глазурата.

15. Тирамису протеинови блокчета

Прави: 8 бара

СЪСТАВ:
БАЗА:
- ⅓ чаша овесено брашно
- 1 лист Греъм Крекери, натрошени
- ½ лъжица ванилов протеин на прах
- ½ мерителна лъжица неовкусен протеинов прах
- 2 супени лъжици кокосово брашно
- ¼ чаша неподсладено бадемово мляко

КАФЕ КАРАМЕЛ:
- 2 супени лъжици фъстъчено масло на прах
- 1 супена лъжица + 1 чаена лъжичка масло от кашу
- 1½ супени лъжици ванилов протеин на прах
- 1½ супени лъжици неовкусен протеин на прах
- 1½ чаена лъжичка разтворимо кафе
- ¾ супени лъжици кленов сироп
- ¾ супени лъжици вода
- ⅛ чаена лъжичка екстракт от ванилия

КРЕМА СИРЕНЕ:
- 6 супени лъжици обезмаслено гръцко кисело мляко
- 3 унции крема сирене с намалено съдържание на мазнини
- ½ лъжица ванилов протеин на прах, суроватъчен казеин
- 2 супени лъжици кокосово брашно
- Какао на прах за поръсване

ИНСТРУКЦИИ:

a) Постелете тава за хляб с хартия за печене; оставете надвес, за да го повдигнете по-късно.
b) Загрейте фурната до 350°F.

БАЗА:

a) В кухненски робот смесете овесено брашно, натрошен крекер Graham, ванилов протеин на прах, неовкусен протеин на прах и кокосово брашно.
b) Прехвърлете в купа, добавете бадемово мляко и разбъркайте.
c) Сместа трябва да е гъста, но малко лепкава като тесто.
d) Прехвърлете в подготвената тава и натиснете надолу.
e) Печете за 10 минути, след което оставете да се охлади за около 10 минути:

КАФЕ КАРАМЕЛ:

a) В същата купа разбъркайте фъстъчено масло на прах, бадемово масло, ванилов протеин на прах, неовкусен протеин на прах, разтворимо кафе, кленов сироп, вода и ванилия.
b) Разстелете върху основния слой и използвайте гърба на лъжица, за да загладите.

ПРОТЕИНОВО КРЕМ СИРЕНЕ:

a) В купа смесете омекотено крема сирене, гръцко кисело мляко, протеин на прах и кокосово брашно.
b) Разнесете върху основата.
c) Прехвърлете във фризера да се охлади за около 5-10 минути.
d) Поръсете с какао на прах, нарежете на 8 филийки и сервирайте.

16. Тирамису бисквитени топки

Прави: 4 порции

СЪСТАВ:
- 8 унции крема сирене омекотено
- 60 ванилови вафли, натрошени на ситно
- 3 супени лъжици Vienna Café, разделени
- Три по 4 унции бял шоколад, разтопен
- 2 унции полусладък шоколад, разтопен

ИНСТРУКЦИИ:
a) Смесете крема сиренето, вафлените трохи и 1 супена лъжица кафе, докато се смесят.
b) Оформете 36 топки. Замразете за 10 минути.
c) Смесете белия шоколад и останалото кафе. Потопете бисквитени топки в бяла шоколадова смес; поставете на един слой в плитка тава, покрита с восъчна хартия. Полейте с полусладък шоколад.
d) Охладете за 1 час или докато стегне.

17. Тирамису Twists

Прави: 4 порции

СЪСТАВ:
- 200 грама маскарпоне
- 2 супени лъжици Kahlua, плюс допълнително за глазура
- 2 супени лъжици пудра захар
- 1 лист маслено бутер тесто
- 30 грама черен шоколад, разделен

ИНСТРУКЦИИ:
a) В малка купа разбийте маскарпонето, докато омекне. Добавете Kahlua и след като се смеси напълно, разбийте захарта. Поставете листа бутер тесто с къс ръб към вас. Разпределете пълнежа от тирамису равномерно върху листа.
b) Използвайте нож за пица или остър нож, за да нарежете сладкиша на 8 дълги вертикални ленти. Върху плънката настържете 20 грама черен шоколад. Работейки с една торсада наведнъж, хванете най-отдалечения от вас край и я сгънете надолу наполовина върху себе си. Прехвърлете върху незалепваща или покрита тава за печене, като го завъртите около два пъти, докато го поставяте. Внимателно натиснете долния край, след което повторете с останалата част и охладете за 1 час.
c) Загрейте фурната на 200C / 180C вентилатор. След като сладкишите се охладят за един час, леко ги намажете с Kahlua и настържете върху фина прашинка от останалия шоколад. Печете 15 минути, докато втаса добре и стане златисто кафяво. Прехвърлете върху решетка да се охлади или сервирайте топло.

18. Тирамису понички

Прави: 16

СЪСТАВ:
ЗА ПОНИЧКИТЕ С МАЯ
- ½ чаша топла вода
- 2 и ¼ чаени лъжички активна суха мая
- ½ чаша топла мътеница
- 1 голямо яйце, разбито
- ¼ чаша разтопено масло
- ¼ чаша захар
- ½ чаена лъжичка сол
- 3 чаши универсално брашно, плюс допълнително за месене

ЗА КАФЕ КРЕМ ПЪЛНЕЖ
- ¾ чаша сметана за разбиване, студена
- ½ чаша пудра захар
- 1 чаена лъжичка ванилия
- ¾ чаша сирене маскарпоне
- 2 супени лъжици сварено кафе, студено

ЗА ГЛАЗУРАТА С БЯЛ ШОКОЛАД
- 150 грама бял шоколад
- 4 супени лъжици сметана за разбиване
- какао на прах за поръсване на върховете на поничките

ИНСТРУКЦИИ:

a) В купа за смесване добавете топлата вода. Поръсете маята и около 1 чаена лъжичка захар. Оставете тази смес да престои 5-7 минути или докато стане на пяна. Добавете мътеницата, яйцето, разтопеното масло, останалата захар и солта. Разбъркайте всичко с дървена лъжица, докато всичко се смеси.

b) Добавете 3 чаши брашно, една чаша наведнъж и разбъркайте, докато сместа започне да образува рошава маса. Продължете да бъркате, докато в центъра се образува хлабаво тесто.

c) Поръсете чиста работна повърхност с брашно. Обърнете тестото и месете, докато стане гладко и еластично, като поръсите ръцете и дъската с брашно, ако е необходимо. За да проверите това, извадете малка част от тестото в ръката си и го разтегнете с пръсти, за да оформите квадрат. Тестото трябва да образува полупрозрачен филм в центъра. Това е известно още като тест за прозорец на прозореца. Омесеното тесто оформете на топка. Поставете го в купа и го покрийте с чиста кърпа. Оставете го да втаса за 1 и ½ до 2 часа, или докато удвои обема си. Междувременно изрежете 12-14 парчета квадратна пергаментова хартия, които са около 4-5 инча.

d) След като втаса, издухайте внимателно тестото. Върху леко набрашнена повърхност разточете една част от тестото в груб правоъгълник с дебелина ½ инча. С помощта на форма за сладки с диаметър 3 инча изрежете колкото можете повече кръгове от тестото. Повторете с другата половина от тестото. Можете да направите около 16 понички.

e) Поставете всяко оформено тесто върху квадратна хартия за печене и ги подредете в голяма тава за печене. Покрийте хлабаво тигана с чиста кухненска кърпа и го оставете да втаса отново за 30-40 минути или докато омекне и бухне.

f) Загрейте предварително около 3-4 инча рапично масло в широк тиган с дебело дъно. След като олиото достигне 350

F, спускайте по 2-3 понички наведнъж, като внимателно ги освобождавате от пергаментовата хартия и пържете до златисто от всяка страна, общо около 1-3 минути. Поничките се запичат бързо, така че ги наблюдавайте внимателно. Изцедете пържените понички върху решетка, която е върху тава за печене, покрита с хартиена кърпа. Оставете ги да изстинат напълно преди да ги напълните.

НАПРАВЕТЕ ПЪЛНЕЖА ЗА ТИРАМИСУ

g) В купата на миксер смесете сметаната за разбиване, пудрата захар и ваниловия екстракт. Разбийте сместа с помощта на приставката за разбиване, докато стане гъста и пухкава. Добавете сиренето маскарпоне и студеното кафе и разбийте докато се смесят.

h) Прехвърлете крема в торбичка, снабдена с приставка или в преса за бисквитки с приставка за пълнене.

i) С помощта на пръст или приставката за тръби пробийте дупка отстрани на поничка. Използвайте пръстите си, за да направите малко кухо пространство вътре в поничката, като направите метещо движение вътре. Изсипете малко крем от тирамису вътре, докато поничките станат големи.

НАПРАВЕТЕ ГЛАЗУРАТА ОТ БЯЛ ШОКОЛАД

j) Нарежете шоколада на малки парчета и го поставете в широка термоустойчива купа. Изсипете сметаната за разбиване в подходяща за микровълнова фурна купа и я загрейте в микровълновата, докато страните започнат да шупнат за около 15-30 секунди

19. Тирамису лакомства

Прави: 24 порции

СЪСТАВ:
- 3 супени лъжици масло или маргарин
- 10 унции, бухнали маршмелоу
- 4 чаши миниатюрни маршмелоу
- 6 чаши зърнени храни Rice Krispies
- 24 унции крема сирене с намалено съдържание на мазнини, омекотено
- 1½ чаши пудра захар
- ⅓ чаша силно сварено кафе
- 3 супени лъжици обезмаслено мляко или силно сварено кафе
- 12 унции замразени немлечни разбити топинг с намалено съдържание на мазнини
- ⅓ чаша заквасена сметана с намалено съдържание на мазнини
- 1 унция полусладък шоколад, настърган

ИНСТРУКЦИИ:

a) В голяма тенджера разтопете маслото на слаб огън. Добавете блата и разбъркайте докато се разтопи напълно. Свалете от огъня.

b) Добавете оризови зърнени храни Krispies. Разбъркайте, докато се покрие добре.

c) С помощта на намазнена с масло шпатула или восъчна хартия равномерно натиснете сместа в тиган с размери 13 х 9 х 2 инча, покрит със спрей за готвене. Готино. Заделени.

d) Междувременно в голяма купа на миксера смесете крема сиренето, пудрата захар, кафето и млякото. Разбийте на средна скорост на електрически миксер до кремообразна смес. Разпределете равномерно върху зърнената смес.

e) Сложете заедно разбитата заливка и сметаната. Разпределете върху слоя крема сирене. Поръсете отгоре с шоколад. Покрийте и охладете за 4 до 24 часа. Нарежете на 2-инчови квадратчета.

ОСНОВНО ЯСТИЕ

20. Пиле тирамису

Прави: 4 порции

СЪСТАВ:
- 3 супени лъжици зехтин
- 8 пилешки бутчета без кост и кожа
- сол и черен пипер, на вкус
- 6 скилидки чесън, наситнени
- 3 стръка лук, нарязани
- 8 унции пресни гъби, нарязани
- ¾ чаша силно сварено кафе
- ¼ чаша кафява захар
- 6 листа босилек нарязани
- 8 унции сирене маскарпоне, топло
- Любим готов ориз

ИНСТРУКЦИИ:
a) В голям тиган, на среден огън, добавете олио.
b) Когато маслото е горещо, добавете овкусено пиле и запържете от двете страни.
c) Извадете бедрата от тигана, поставете в тава за печене и оставете за по-късно.
d) В същия тиган добавете чесън, гъби и лук. Запържете до омекване.
e) Добавете кафе, кафява захар и нарязан босилек и разбъркайте. Оставете да къкри 2 минути.
f) Добавете сиренето маскарпоне към тигана и разбъркайте бързо, за да се смеси.
g) Изсипете соса върху бутчетата в съда за печене.
h) Печете на 350 градуса за 30 минути.
i) Сервирайте с любимия готов ориз.

21. Салата Тирамису

Прави: 4 порции

СЪСТАВ:
- ⅓ чаша крема сирене
- 1 пакет Универсален крем, охладен
- ½ чаша подсладено кондензирано мляко
- 2 супени лъжици разтворимо кафе
- 20 бр
- 1 кутия плодов коктейл
- 1 парче зелена ябълка, нарязана на кубчета
- 1 брой червена ябълка, нарязана на кубчета

ИНСТРУКЦИИ:
a) С електрически миксер разбийте крема сиренето, докато стане меко и пухкаво.
b) Добавете кондензирано мляко, охладена сметана и кафе.
c) Продължете да разбивате, докато съставките се смесят добре.
d) Сложете плодове и плодове в купа за сервиране и след това залейте със сместа от кафе крем. Сервирайте студено.

22. Тирамису Ризото

Прави: 2 порции

СЪСТАВ:
- 1 чаша варен бял дългозърнест ориз
- ¼ малък сладък лук
- 2 резена бекон
- 1 чаена лъжичка кленов сироп
- 1 чаша сварено кафе
- ½ чаша мляко
- ½ супена лъжица несолено масло
- 2 супени лъжици сирене маскарпоне
- 1 супена лъжица настърган пармезан
- ⅛ чаена лъжичка неподсладено какао за печене
- 1 голямо яйце
- Сол и черен пипер на вкус

ИНСТРУКЦИИ:

a) Обелете и накълцайте лука.
b) В купа смесете пармезана и какаото.
c) Гответе бекона в тиган с незалепващо покритие на среден огън, докато стане хрупкав. Отцедете върху хартиени кърпи, след което нарежете бекона. Сложете бекона в малка купа с кленов сироп. Разбъркайте, за да се покрие добре и оставете настрана.
d) В тенджера разтопете маслото на среден огън и запържете лука, докато стане прозрачен. Разбъркайте кафето и оставете да къкри. Разбъркайте ориза и оставете да къкри, докато кафето почти се абсорбира.
e) Разбъркайте млякото и сиренето маскарпоне в тенджерата.
f) Оставете да къкри, като бъркате непрекъснато, за да се разтвори сиренето маскарпоне и продължете да къкри, като бъркате често, докато течността почти се абсорбира.
g) След това разбъркайте сместа с бекон в тенджерата и добавете сол и черен пипер на вкус.
h) Прехвърлете ризотото върху 24 унции рамекин. Направете вдлъбнатина в центъра на ризотото и счупете яйцето.
i) Поръсете сместа от пармезан отгоре и печете в предварително загрята на 400 градуса F фурна за 7-8 минути.

ДЕСЕРТ

23. Сирене Маскарпоне Тирамису

Прави: 6

СЪСТАВ:
- 4 жълтъка
- ¼ чаша бяла захар
- 1 супена лъжица ванилов екстракт
- ½ чаша сметана за разбиване
- 2 чаши сирене маскарпоне
- 30 дамски пръста
- 1½ чаши ледено сварено кафе, съхранявано в хладилник
- ¾ чаша ликьор Frangelico
- 2 супени лъжици неподсладено какао на прах

ИНСТРУКЦИИ:
a) В купа за смесване разбийте заедно жълтъците, захарта и ваниловия екстракт до кремообразна смес.
b) След това разбийте сметаната до твърда пяна.
c) Комбинирайте сиренето маскарпоне и разбитата сметана.
d) В малка купа за смесване леко смесете маскарпонето с жълтъците и оставете настрана.
e) Смесете алкохола със студеното кафе.
f) Веднага потопете дамските пръсти в кафеената смес. Ако пръстите на жената се намокрят твърде много, те ще се намокрят.
g) Поставете половината от дамските пръсти на дъното на 9x13-инчов съд за печене.
h) Отгоре се поставя половината от сместа за плънката.
i) Поставете останалите дамски пръсти отгоре.
j) Поставете капак върху съда. След това охладете за 1 час.
k) Поръсете с какао на прах.

24. [Веган Тирамису](#)

Прави: 6 порции

СЪСТАВ:
- 1 чаша твърдо тофу, отцедено и пресовано сухо
- Контейнер от 8 унции веган крема сирене
- 1/2 чаша веган ванилов сладолед, омекотен
- 1 чаена лъжичка чист екстракт от ванилия
- 1/3 чаша плюс 1 супена лъжица супер фина захар
- 1/2 чаша кафе, охладено до стайна температура
- 2 супени лъжици кафе ликьор
- 1 веган кекс, нарязан на филийки с дебелина 1/2 инча
- 1 супена лъжица неподсладено какао на прах

ИНСТРУКЦИИ:
a) В кухненски робот смесете тофуто, крема сиренето, сладоледа, ванилията и 1/3 чаша захар. Обработвайте, докато стане гладка и добре смесена.
b) В малка купа смесете кафето, останалата 1 супена лъжица захар и кафеения ликьор.
c) Подредете един слой парчета торта в 8-инчова квадратна тава за печене и намажете с половината от кафеената смес. Поръсете с половината от какаото. Разпределете половината смес от тофу върху тортата. Подредете друг слой парчета торта върху сместа с тофу. Намажете с останалата смес от кафе и разпределете равномерно с останалата смес от тофу. Поръсете с останалото какао. Охладете 1 час преди сервиране.

25. Тирамису с ром

Прави: 6 порции

СЪСТАВ:
- 1 килограм сирене маскарпоне, наистина прясно
- 1 голяма консерва тъмни череши в сироп
- ¼ чаша гранулирана захар
- 2 супени лъжици ром, плюс
- ⅓ чаша ром, смесена с вода и малко допълнително гранулирана захар
- 24 дамски пръста

ИНСТРУКЦИИ:
a) Смесете сирене, ¼ чаша гранулирана захар и 2T ром. Разделете на 3 равни части
b) Поставете 8 бисквити една до друга в тава за хляб, която е поне достатъчно голяма, за да ги побере. Изсипете ⅓ от консервирания сок от тъмни череши върху бисквитите, като разпределите равномерно. Наредете ⅓ от сирената смес върху бисквитите.
c) Сложете още 8 бисквити една до друга върху сместа със сирене. Напоете този пласт бисквити с ромовата смес. Наредете друга трета от сирената смес върху бисквитите.
d) Сложете още 8 бисквити една до друга върху сместа със сирене. Напоете този слой бисквити с останалата ⅓ чаша консервиран сироп от тъмни череши. Поставете последната трета от сместа със сирене върху бисквитите.
e) Гарнирайте с допълнителни череши.

26. Мини тирамису дреболии

Прави: 6 порции

СЪСТАВ:
ЗА ПЪЛНЕЖА ОТ МАСКАРПОНЕ
- 20 унции сирене маскарпоне
- 3 супени лъжици захар
- 1 чаша тежка сметана за разбиване, студена
- ½ чаша пудра захар
- 1 чаена лъжичка ванилов екстракт

ЗА НАПОЯНИТЕ С ЕСПРЕСО ДАМСКИ ПЪРЧЕТА
- ¾ чаша гореща вода
- 3 супени лъжици разтворимо еспресо на прах
- 3 супени лъжици захар
- 36 меки дамски пръста

ЗА БИТАТА СМЕТАНА КАЛЛУА
- ½ чаша тежка сметана за разбиване
- ¼ чаша пудра захар
- 2 супени лъжици Калуа

ИНСТРУКЦИИ:
a) Смесете сиренето маскарпоне и захарта, докато се смесят. Не прекалявайте с смесването или сиренето маскарпоне може да се разреди. Заделени.
b) В друга купа добавете тежката сметана за разбиване, пудрата захар и ваниловия екстракт и разбийте, докато се образуват твърди върхове.
c) Внимателно добавете разбитата сметана към сместа със сирене маскарпоне. Заделени.
d) В друга купа смесете горещата вода, еспресото на прах и захарта.
e) За да подредите дреболиите, потопете женските пръсти в сместа за еспресо един по един и ги поставете на дъното на

чашата за дреболии. Използвайте два до три женски пръста и ги начупете на парчета, ако е необходимо, така че да се поберат в чашата и да създадат пълен слой.

f) Намажете с лъжица слой пълнеж от маскарпоне върху дамските пръсти.

g) Повторете друг слой пълнеж от дамски пръсти и маскарпоне.

h) След като завършите дреболиите, направете разбитата сметана.

i) Добавете тежката сметана за разбиване, пудрата захар и Kahlua в голяма купа на миксера и разбийте, докато се образуват твърди върхове.

j) Нанесете въртене от бита сметана върху всяка дреболия, след това поръсете с какао на прах, ако желаете.

k) Охладете дреболиите до готовност за сервиране.

27. Сладолед Тирамису

Прави: 8

СЪСТАВ:
- 2 ½ чаши сметана
- 2 чаши пълномаслено мляко
- 1 ванилия, разполовена по дължина с изстъргани семки
- 8 големи жълтъка
- ¾ чаша захар
- ¼ чаена лъжичка сол
- 20 дамски пръста плюс още за сервиране
- ¼ чаша силно охладено кафе
- ¼ чаша ликьор амарето
- ½ чаша качествен фъдж сос

ИНСТРУКЦИИ:
a) Комбинирайте сметана, мляко, остъргвания от ванилия и шушулка в тенджера и загрейте на среден огън, докато загрее, но не завира.
b) Свалете от огъня и оставете да се охлади за около 30 минути.
c) Комбинирайте жълтъците, захарта и солта в голяма купа и разбийте, докато сместа утрои обема си и стане гъста и кремообразна.
d) Намалете скоростта на миксера до средно ниска и бавно изсипете млечната смес в него.
e) Прехвърлете сместа обратно в тенджера и гответе на среден огън, като бъркате непрекъснато, докато стане достатъчно гъста, за да покрие гърба на лъжица.
f) Прецедете сместа през мрежесто сито в купа, поставена на баня с ледена вода.
g) Изсипете сместа през мрежесто сито в купа, поставена на баня с ледена вода.

h) Охладете в хладилника поне за един час.
i) Замразете в машина за сладолед.
j) Докато сместа замръзва, пригответе дамски пръсти. Комбинирайте равни части амарето и силно кафе и бързо потопете дамските пръсти в сместа, така че дамските пръсти са напоени навсякъде, но да запазят своята хрупкавост.
k) Преди да преместите купата във фризера или да ядете, сгънете вътре сос от фъдж и накиснати дамски пръсти.
l) Охладете във фризера, докато стегне.
m) За да сервирате, поставете няколко дамски пръста в купа, поръсете със смес от кафе и амарето и отгоре намажете сладолед тирамису.

28. 2 Тарта с тирамису

Прави: 6 порции

СЪСТАВ:
ЗА КОРИЧКАТА:
- 4 супени лъжици пудра захар
- 2 чаени лъжички какао на прах по холандски процес
- 2 супени лъжици универсално брашно
- ½ чаена лъжичка царевично нишесте
- ¼ чаена лъжичка разтворимо еспресо на прах
- Щипка сол
- 1 ½ супени лъжици студено несолено масло, нарязано на малки кубчета
- Пръскане на екстракт от ванилия

ЗА ПЪЛНЕЖА:
- 3 унции сирене маскарпоне, на стайна температура
- 2 супени лъжици захар
- 1 ½ супени лъжици марсала
- Пръскане на екстракт от ванилия

ЗА ГАРНИТУРА:
- Малко блокче полусладък или горчив шоколад или какао на прах по холандски процес

ИНСТРУКЦИИ:
a) Поставете пудрата захар, какаото на прах, универсалното брашно, царевичното нишесте, еспресото на прах и солта в мини кухненски робот. Пулсирайте няколко пъти, за да комбинирате.
b) Добавете студените кубчета масло и ванилията и разбъркайте, докато се образуват малки трохи.
c) Разделете пълнежа между две 3 ½-инчови тави за тарталети и използвайте гърба на заоблена супена лъжица, за да

натиснете трохите на дъното и нагоре по стените. Поставете във фризера за поне 15 минути.

d) Загрейте фурната до 325 градуса.
e) Поставете формичките за тарталети върху лист за печене и печете за 8 до 10 минути. Поставете върху решетка да се охлади напълно.
f) В малка купа разбийте заедно крема сиренето, захарта, марсалата и ванилията до гладкост.
g) Плънката се разпределя между двете охладени кори.
h) За гарниране настържете малко полусладък или горчив шоколад или пресейте малко холандско какао върху всяка тарталета.

29. Чаши за пудинг Тирамису с бял шоколад

Прави: 6 порции

СЪСТАВ:
- 10 италиански дамски пръста
- ½ чаша сварено кафе, охладено, разделено
- 4 унции сирене маскарпоне, омекотено
- 1 ½ чаши мляко
- Опаковка от 3,9 унции микс за незабавен пудинг от бял шоколад и ванилия
- Контейнер от 8 унции с разбит топинг, разделен
- стърготини от бял шоколад, по желание

ИНСТРУКЦИИ:

a) Поставете Lady Fingers в найлонов плик с цип и ги натрошете с чук или точилка, докато се образуват едри трохи.

b) Равномерно разпределете трохите между 6 малки чинии за сервиране. Използвайте чаена лъжичка, за да поръсите трохи с дамски пръсти с ¼ чаша кафе. Ще използвате около 2 чаени лъжички кафе на чиния за сервиране.

c) Поставете сиренето маскарпоне, млякото, ¼ чаша кафе и сместа за пудинг в блендер и пасирайте на средна скорост до гладкост, около 30 секунди.

d) Използвайте гумена шпатула, за да прехвърлите сместа за пудинг в голяма купа. Сложете ½ от разбитата заливка.

e) С лъжица или тръба разпределете плънката равномерно между 6-те чинии за сервиране. Покрийте и охладете за 4 часа или за една нощ.

f) Преди сервиране поръсете с останалата разбита сметана и стърготини от бял шоколад.

30. Тирамису с лимон

Прави: 8-10

СЪСТАВ:
- 2 лимона, сока и кората от
- 4 супени лъжици ракия или 4 супени лъжици бял ром
- 4 унции пудра захар, разделена
- Пакет от 9 унции пандишпанови пръсти
- Два контейнера от 9 унции сирене маскарпоне
- 4-5 супени лъжици лимонов курд
- 2 големи яйца, разделени
- 150 мл сметана
- 1 лимон, кората, ситно настъргана, смесена с малко захар демерара

ИНСТРУКЦИИ:

a) Смесете лимоновия сок, брендито и 2 унции захар в плитка купа.
b) Оставете настрана, така че захарта да има време да се разтвори.
c) Пригответе 9-инчов тиган с пружинна форма; постелете дъното с хартия за печене.
d) В много чиста купа, като използвате чисти бъркалки, разбийте белтъците, докато образуват меки върхове, започнете на бавно, постепенно на по-висока скорост.
e) Сметаната също се разбива на мек връх.
f) Разбийте заедно останалата захар, маскарпонето, лимоновата извара, жълтъците и лимоновата кора.
g) След това добавете сметаната към сместа с маскарпоне, а след това и белтъците с метална лъжица.
h) Разбъркайте сместа от лимон/ракия и потопете пръстите си, наредете дъното на съда с тях и поръсете малко течност върху бисквитите, обикновено ще имате достатъчно.

i) Бисквитите се разпределят с лъжица от сместа с маскарпоне, останалите пръсти се потапят и се нареждат отгоре, отново се поръсват с бренди лимонов сок, ако ви е останало, а след това и с останалото маскарпоне.
j) Заравнете горната част с помощта на маслен нож, покрийте и оставете в хладилника за една нощ.
k) За да сервирате, ако използвате, поръсете сместа лимон/захар отгоре, извадете от формата, поставете върху чиния за сервиране и нарежете на клинове.

31. Пай Тирамису с тиквени подправки

Прави: Един 9-инчов пай

СЪСТАВ:
- 1 ½ чаши тежка сметана
- 2 големи яйца, разделени
- ⅓ чаша плюс 1 супена лъжица захар
- 1 чаша маскарпоне, на стайна температура
- ½ чаша консервирано тиквено пюре
- 1 ½ чаени лъжички подправка за тиквен пай
- 1 ½ чаши сварено еспресо, на стайна температура
- Опаковка от 5,3 унции ladyfingers
- Горчив или полусладък шоколад, за бръснене

ИНСТРУКЦИИ:

a) В купата на стоящ миксер, снабден с приставката за разбиване, разбийте сметаната на средно висока скорост, докато се образуват твърди върхове; прехвърлете в малка купа и охладете.

b) В почистената купа на стоящия миксер, снабден с почистената приставка за разбиване, разбийте белтъците на висока скорост, докато се образуват меки връхчета. Добавете 1 супена лъжица захар и разбийте до твърди върхове; прехвърлете в малка купа.

c) В почистената купа на стоящия миксер, снабден с почистената приставка за разбиване, разбийте заедно жълтъците и останалата ⅓ чаша захар на висока скорост, докато се сгъсти и бледожълто. Внимателно разбъркайте маскарпонето, тиквеното пюре, подправките за тиквен пай и една трета от разбитата сметана в жълтъчната смес. Внимателно добавете разбитите белтъци и охладете.

d) Поставете еспресото върху плитка чиния. Потопете двете страни на женските пръсти в еспресото и ги подредете в 9-инчова форма за пай, за да покриете изцяло дъното. Отгоре сложете половината от тиквената смес, още потопени в еспресо дамски пръсти и останалата тиквена смес. Отгоре поръсете пая с останалата разбита сметана и шоколадовите стърготини. Охладете за 8 часа или до една нощ, докато сте готови за сервиране.

32. Тирамису Упи пайове

Прави: 6 порции

СЪСТАВ:
БИСКВИТКИ:
- 2 чаши бадемово брашно
- 3 супени лъжици неовкусен суроватъчен протеин
- ½ чаша гранулиран подсладител Monk Fruit
- 2 чаени лъжички бакпулвер
- ½ чаена лъжичка сода за хляб
- ½ чаена лъжичка сол
- ½ чаша масло, нарязано на малки кубчета
- ½ чаша нисковъглехидратен заместител на захарта или ½ чаша от любимия ви нисковъглехидратен подсладител
- 2 големи яйца
- 1 чаена лъжичка ванилов екстракт
- ½ чаша пълномаслена заквасена сметана
- какао на прах за поръсване

ПЪЛНЕЖ:
- ¼ чаша студено кафе еспресо или силно кафе
- 1 супена лъжица тъмен ром
- 8 унции сирене маскарпоне
- 2 супени лъжици нисковъглехидратен заместител на захарта
- щипка сол
- ½ чаша тежка сметана
- 2 супени лъжици ванилов екстракт
- 2 супени лъжици тъмен ром по желание или подправете с алкохол по ваш избор

ИНСТРУКЦИИ:
a) Загрейте фурната до 350 °F. Напръскайте формата за пай с незалепващо покритие.
b) Смесете бадемово брашно, протеин на прах, подсладител от кафява захар, бакпулвер, сода за хляб и сол в купа. Заделени.
c) Разбийте маслото и захарта с миксер на средно-висока скорост до кремообразна смес; около 2 минути. Добавете

яйцата и 1 чаена лъжичка ванилия, като разбивате, докато се смесят. Изстържете стените на купата. Добавете заквасена сметана, след това изсушете сместа.
d) С помощта на малка чаена лъжичка гребвайте от тестото във всяка форма за пай, като запълвате около ⅔ от пространството. Поставете малко какао на прах в малка цедка и поръсете малко от какаото на прах върху всяка лъжица за тесто.
e) Печете, докато краищата станат златисти, около 10-12 минути.
f) Охладете върху решетка за около 10 минути, след което извадете бисквитките от формата и оставете да изстинат.
g) След като изстинат, обърнете бисквитките с главата надолу върху решетката.
h) Смесете еспресо и 3 супени лъжици тъмен ром в малка купа. Разстелете около ¼ чаена лъжичка течност за еспресо върху долната страна на всяка бисквитка.
i) Разбийте сиренето маскарпоне, заместителя на захарта с ниско съдържание на въглехидрати, солта, гъстата сметана ванилия и 1 Т. тъмен ром с миксер до гладкост. С лъжица нанесете част от сместа със сиренето маскарпоне върху шоколадовата половина на бисквитките. Поставете другата половина бисквитки отгоре.
j) Сервирайте веднага или поставете в хладилник.

33. Тирамису Чийзкейк

Прави: 12

СЪСТАВ:
КОРИЧКА:
- Опаковка от 12 унции ladyfingers
- ¼ чаша несолено масло, разтопено
- 2 супени лъжици ликьор с аромат на кафе

ПЪЛНЕЖ:
- Три опаковки от 8 унции омекотено крема сирене
- Контейнер от 8 унции омекотено сирене маскарпоне
- 1 чаша бяла захар
- 2 супени лъжици ликьор с аромат на кафе
- ¼ чаша универсално брашно
- 2 големи яйца
- 1 чаена лъжичка тежка сметана или повече, ако е необходимо
- ¼ унция полусладък шоколад

ИНСТРУКЦИИ:
a) Загрейте фурната до 350 градуса F.
b) Поставете съд с вода върху най-долната решетка на фурната.
c) Направете кората: Натрошете дамските пръсти на фини трохи. Поставете трохите в купа с разтопено масло и ликьор с аромат на кафе; разбъркайте, докато се комбинират равномерно. Натиснете в дъното на 9-инчов тиган с пружинна форма.
d) Направете пълнежа: Разбийте крема сиренето, сиренето маскарпоне и захарта в голяма купа с електрически миксер до много гладко, 2 до 3 минути. Остържете стените на купата и разбъркайте ликьор с аромат на кафе. Добавете брашното и яйцата; разбъркайте на ниска скорост само докато стане гладка. Ако тестото изглежда твърде гъсто, смесете с тежка сметана. Изсипете тестото върху кората.

e) Печете на централната решетка на предварително загрятата фурна, докато стегне, 40 до 45 минути.
f) Отворете вратата на фурната, изключете топлината и оставете чийзкейка да се охлади върху централната решетка за 20 минути. Извадете от фурната, прехвърлете върху решетка и оставете да се охлади напълно за още около 30 минути.
g) Охладете за поне 3 часа или за една нощ.
h) Когато сте готови за сервиране, настържете полусладък шоколад отгоре. Прокарайте върха на трапезен нож около краищата на тигана, след това отключете и отстранете страните. Внимателно плъзнете чийзкейка от основата на тигана и върху чиния за сервиране.

34. Мангомису

Прави: 6 порции

СЪСТАВ:
- 500 г сирене маскарпоне
- 600мл гъста сметана
- ⅓ чаша пудра захар
- 2 жълтъка
- 1 зрънца ванилия, нарязани, остъргани семки
- ½ чаша Grand Marnier
- Сок от 2 портокала
- 300гр дамски пръсти
- 3 манго, месото е нарязано с дебелина 1 см
- Малинов сос
- ¼ чаша пудра захар
- 250 г пресни или замразени малини
- Сок от 1 лимон

ИНСТРУКЦИИ:

a) Застелете основата на 22 см форма за кекс с найлоново фолио или хартия за печене. Поставете маскарпонето, гъстата сметана, пудрата захар, жълтъците и ваниловите семена в купата на електрически миксер и разбийте на висока скорост, докато стане гъста и добре смесена.

b) Комбинирайте Grand Marnier и портокаловия сок в отделна купа. Потопете половината пандишпанови пръсти в сместа от сок и наслоете в основата на формата за торта. Намажете с една трета от сместа с маскарпоне и отгоре сложете една трета от резените манго. Повторете процеса, след което отгоре намажете с останалата смес от маскарпоне, като оставите останалите резени манго за сервиране. Покрийте тортата и охладете за 2 часа или докато стегне.

c) Междувременно за малиновия сос поставете захарта и 2 супени лъжици вода в малък тиган на умерен огън, като разбърквате, за да се разтвори захарта. Охладете леко, след това добавете горските плодове и лимоновия сок. Разбийте в кухненски робот до гладкост, след което прецедете през цедка. Охладете до готовност за сервиране.

d) За да сервирате, внимателно отстранете стените и основата на формата за торта и прехвърлете мангомису в чиния.

e) Украсете с къдрици от заделеното манго, след което нарежете и сервирайте със сос от горски плодове.

35. Матча Тирамису

Прави: 9

СЪСТАВ:
СВАРЕНО КАФЕ
- ¾ чаша сварено кафе
- 1 супена лъжица амарето по избор

КРЕМ МАСКАРПОНЕ
- ⅓ чаша кондензирано мляко
- 1 супена лъжица матча на прах
- 3 жълтъка
- 8 унции сирене маскарпоне
- 2 супени лъжици сварено кафе
- 1 чаена лъжичка ванилов екстракт
- 1 чаша тежка сметана

МОНТАЖ НА ТИРАМИСУ
- 40 дамски пръста
- 1 супена лъжица матча на прах

ИНСТРУКЦИИ:
a) Комбинирайте свареното кафе с амарето в купа. Заделени.
b) Смесете кондензираното мляко и мача до еднороден зелен цвят. Пресейте матча на прах в кондензираното мляко.
c) След това направете пълнежа от маскарпоне. Оставете няколко чаши вода да заври в малка тенджера.
d) Добавете яйчни жълтъци и кондензирано мляко матча в купа. Поставете купата върху кипящата вода и разбъркайте, докато яйчената смес стане по-светло зелена. Свалете от котлона.
e) Добавете сиренето маскарпоне, свареното кафе и екстракта от ванилия към яйчената смес и разбъркайте, докато се смесят добре.
f) Разбийте сметаната до твърди върхове. Внимателно добавете сметаната към сместа с маскарпоне от стъпка 5. Оставете настрана.
g) Сега е време да сглобите вашето тирамису. Потопете леко дамски пръст в свареното кафе и го поставете в тава за

печене 9×9. Повторете този процес, докато долната част не бъде облицована с дамски пръсти.

h) Загребвайте половината крем маскарпоне върху дамските пръсти. Разстелете го на равномерен слой върху женските пръсти. Повторете този процес с втори слой дамски пръсти и след това втори слой сирене маскарпоне.
i) Пресейте праха матча върху втория слой крем с маскарпоне.
j) Покрийте тирамисуто и го поставете в хладилника. Оставете да стегне в хладилник за 6 часа или цяла нощ. За най-добър вкус и текстура го оставете да стегне в хладилника за една нощ.

36. Тирамису с мус от шоколад и карамел

Прави: 12

СЪСТАВ:
- 400 г черен шоколад, нарязан
- 400 г млечен шоколад, нарязан
- 6 яйца, отделени
- 1 ½ листа желатин с титаниева здравина, омекнали в студена вода за 5 минути
- 900мл гъста сметана
- 2 чаени лъжички паста от ванилови зърна
- ½ чаша пудра захар
- 1 чаша кафеен ликьор
- 400 гр. дамски бисквити
- Какао, на прах

КАРАМЕЛЕН МУС
- 800мл гъста сметана
- 2 листа желатин с титанова здравина, размекнати в студена вода за 5 минути
- 2 x 250 г буркана купен от магазина дулсе де лече, разбити леко, за да се разхлабят

ИНСТРУКЦИИ:
a) Поставете шоколадовите бонбони в топлоустойчива купа, поставена върху тенджера с кипяща вода и разбъркайте, докато се разтопят и станат гладки. Охладете леко, след това прехвърлете в стоящ миксер с приставката за лопатки.
b) Разбийте жълтъците.
c) Поставете 300 мл сметана в малка тенджера на слаб огън и оставете да къкри. Изцедете излишната вода от желатина и разбъркайте в крема, докато се разтопи и смеси. На 3 партиди разбийте в шоколадовата смес до гладкост. Прехвърлете в голяма, чиста купа.
d) Разбийте останалите 600 мл сметана с ванилията на твърд връх. Охладете се.

e) Поставете белтъците в стоящ миксер с приставката за разбиване и разбийте до твърди върхове. Добавете захарта, 1 супена лъжица наведнъж, и разбийте, докато се разтвори и сместа стане лъскава.
f) Сложете разбитата сметана в шоколадовата смес, след което на 2 части добавете разбитите белтъци. Охладете, докато сте готови за сглобяване.
g) За карамеления мус сложете 200 мл сметана в малка тенджера на слаб огън и оставете да къкри. Изцедете излишната вода от желатина и разбъркайте в крема, докато се разтопи и смеси. Охладете леко. Поставете останалите 600 мл сметана в стоящ миксер с приставката за разбиване и разбийте до меки върхове. Сгънете в разхлабената смес от дулсе де лече и желатин, докато се комбинират. Охладете за 30 минути.
h) Поставете ликьора за кафе в широка купа. Потопете половината от бисквитите дамски пръсти в ликьор и ги подредете на два пласта в основата на 6-литрова чиния за сервиране. Лъжица върху половината шоколадов мус. Останалите бисквити потопете в ликьора и ги наредете на два пласта върху муса. Отгоре намажете с карамеления мус, като отгоре загладите с мастър. Охладете за 2-3 часа, докато стегне. Поставете останалия шоколадов мус в торбичка, снабдена с 1 см обикновена дюза, и охладете до готовност за употреба.
i) Изсипете останалия шоколадов мус върху горната част на карамеления мус. Охладете за 4-5 часа или за една нощ, докато стегне. Поръсете с какао за сервиране.

37. Тирамису пот де крем

Прави: 8

СЪСТАВ:
- 2 чаши пудра захар
- 12 жълтъка
- 2 зърна ванилия, нарязани, семена изстъргани
- 1,2 л чиста сметана, плюс допълнителна ¼ чаша
- 2 супени лъжици разтворимо кафе на гранули
- 50 г несолено масло, нарязано
- 4 пандишпанови бисквити, натрошени
- 2 супени лъжици Frangelico
- 1 супена лъжица ситно смлени лешници
- 400 г качествено маскарпоне
- 1 чаена лъжичка ванилов екстракт
- Качествено какао на прах, на прах

ИНСТРУКЦИИ:

a) Загрейте фурната на 140°C.
b) Разбийте захарта и жълтъците в купа до побеляване.
c) Поставете ванилови шушулки и семена в голяма тенджера със сметаната и кафето и ги оставете малко под кипене, като разбърквате, за да разтворите кафето. Бавно изсипете върху яйчената смес, като бъркате непрекъснато, докато се смеси.
d) Върнете яйчената смес в почистения тиган и поставете на средно слаб огън.
e) Гответе, като бъркате непрекъснато, за 6-8 минути или докато се сгъсти и яйчената смес покрие гърба на лъжицата. Разпределете между осем огнеупорни съда с ¾ чаша и поставете в голяма тава за печене. Добавете достатъчно вряща вода, за да достигне половината стени на тигана.
f) Покрийте тавата с фолио и внимателно поставете във фурната. Печете 30 минути, докато стегне с леко поклащане в центъра. Охладете до стайна температура, след това охладете за 2 часа или докато стегне.
g) Когато сте готови за сервиране, разтопете маслото в тиган за 2-3 минути или докато стане кафяво. Добавете дамски пръсти и гответе, като разбърквате, за 3-4 минути или докато се препече. Добавете Frangelico и лешниците и разбъркайте, за да се комбинират. Готино. Внимателно разбъркайте заедно маскарпоне, ванилия и допълнителна сметана в купа.
h) Намажете сместа от маскарпоне върху кремовете. Поръсете с лейдифингер трохи и какао за сервиране.

38. Тирамису кексчета

Прави: 12-14 кексчета

СЪСТАВ:
КЪПКЕЙКСИ
- 6 супени лъжици осолено масло, стайна температура
- ¾ чаши захар
- 2 супени лъжици ванилов екстракт
- 6 супени лъжици сметана
- 3 белтъка
- 1¼ чаши универсално брашно
- 2 чаени лъжички бакпулвер
- 6 супени лъжици мляко
- 2 супени лъжици вода

ПЪЛНЕЖ ТИРАМИСУ
- 2 жълтъка
- 6 супени лъжици захар
- ½ чаша сирене маскарпоне
- ½ чаша тежка сметана за разбиване
- 2½ супени лъжици топла вода
- 1 супена лъжица разтворимо еспресо кафе на гранули
- ¼ чаша Kahlua

ИНСТРУКЦИИ:
НАПРАВЕТЕ КЪПКЕЙКИТЕ

a) Загрейте фурната до 350 градуса и пригответе форма за кексчета с подложки за кексчета.
b) Разбийте маслото и захарта, докато станат светли и пухкави, около 2-3 минути.
c) Добавете ванилов екстракт и сметана и разбъркайте, докато се смесят добре.
d) Добавете белтъците на две партиди, разбъркайте, докато се смесят добре.
e) Комбинирайте сухите съставки в друга купа, след това смесете млякото и водата в друга купа.
f) Добавете половината от сухите съставки към тестото и разбъркайте, докато се смесят добре. Добавете млечната

смес и разбъркайте, докато се смесят добре. Добавете останалите сухи съставки и разбъркайте, докато се смесят добре.
g) Напълнете корите за кексчета около половината. Печете 15-17 минути, или докато клечка за зъби излезе с малко трохи.
h) Извадете кексчетата от фурната и ги оставете да изстинат за 2-3 минути, след което ги извадете върху решетка, за да изстинат.

НАПРАВЕТЕ ПЪЛНЕЖА И НАПЪЛНЕТЕ КЪККЕЙКИТЕ

a) Докато кексчетата изстиват, направете плънката. Комбинирайте яйчни жълтъци и захар на върха на двоен котел, над вряща вода. Ако нямате двоен котел, можете да използвате метална купа за смесване, поставена върху тенджера с вряща вода в нея.
b) Гответе около 6-8 минути на слаб котлон при непрекъснато бъркане или докато сместа стане светла на цвят и захарта се разтвори. Ако сместа започне да става твърде гъста и по-тъмно жълта, значи е преварена.
c) Когато е готово, разбийте жълтъците с миксер, докато се сгъстят и пожълтяват малко.
d) Разбъркайте сиренето маскарпоне в разбитите жълтъци.
e) Добавете тежка сметана за разбиване в друга купа на миксера и разбийте, докато се образуват твърди върхове, около 5-7 минути.
f) Добавете разбитата сметана към сместа с маскарпоне.
g) В друга малка купа смесете топла вода, еспресо и Kahlua.
h) След като кексчетата се охладят, изрежете центровете.
i) Капнете около 1 супена лъжица от сместа за еспресо върху вътрешността на дупките на кексчетата, след което запълнете дупките с пълнежа от тирамису.

39. Мини чаши за тирамису

Прави: 5

СЪСТАВ:
ЗА ЧАШИТЕ ЗА ТИРАМИСУ
- 200 g Ladyfingers от магазина
- 300 г Маскарпоне 41% мазнини, използвайте го студено
- 240 g Тежка сметана 36% маслоност, много студена
- 70 г пресята пудра захар

ЗА СГЛОБЯВАНЕ
- 1 чаша кафе силно еспресо, леко подсладено, за да попие дамските пръсти
- Няколко супени лъжици какао на прах, неподсладено, холандски обработено за украса на върха
- Ladyfingers за украса

ИНСТРУКЦИИ:
a) В купа разбийте маскарпонето, тежката сметана и пудрата захар с помощта на електрически ръчен миксер за няколко минути до твърди върхове.
b) Внимателно накиснете женските пръсти в прясно приготвено еспресо и започнете да ги нареждате в чаша, като започнете с напоените с кафе дамски пръсти и завършите с крем маскарпоне
c) Загладете горната част с офсетна шпатула или лъжица и охладете чашите за тирамису в хладилник за минимум 1 час, за да омекне дамският пръст
d) След като тирамисуто стегне в хладилника, го наръсете с какао на прах и го украсете с още дамски пръсти.

40. Тирамису крем бутерки

Прави: 15

СЪСТАВ:

ЗА ШУКА
- ½ чаша вода
- 4 супени лъжици несолено масло
- ½ чаена лъжичка захар
- Щипка сол
- ½ чаша универсално брашно
- 2 големи яйца

ЗА КРЕМ ТИРАМИСУ:
- 4 унции сирене маскарпоне, при хладна стайна температура
- 2 супени лъжици кафеен ликьор
- 1 чаша тежка сметана за разбиване
- ¾ чаша пудра захар

ЗА ГАНАША:
- ⅓ чаша тежка сметана за разбиване
- 4 унции нарязан черен шоколад

ИНСТРУКЦИИ

ЗА ШУКА:

a) Загрейте фурната до 425 градуса и застелете тава за печене с лист пергаментова хартия.
b) В средна тенджера на среден огън смесете водата, маслото, захарта и солта, докато маслото се разтопи и сместа заври. Махнете тенджерата от котлона и добавете цялото количество брашно, като разбърквате енергично, за да се комбинират.
c) След няколко минути разбъркване, тестото ще образува влажна топка, която се отделя от стените на тигана. Върнете тигана на котлона, за да се готви, като разбърквате тестото с дървена лъжица или гумена шпатула за 3 минути. Изсипете тестото в голяма купа и добавете яйцата едно по едно, като разбърквате енергично след всяко добавяне, за да се комбинират.
d) Тестото трябва да е достатъчно вискозно, за да държи мек връх, когато издърпате дървената лъжица от него. Ако е твърде твърдо, добавете чаена лъжичка или две вода.

Загребвайте сместа в торбичката и изстискайте кръгли топки тесто с размер на супена лъжица, на около 2 инча една от друга върху подготвения тиган. Леко навлажнете върха на пръста си, за да изгладите всякакви върхове по кръговете, така че да станат заоблени дискове, подобни на формата на изпечена бисквитка макарон.

e) Печете в предварително загрятата фурна за 10 минути, след това намалете температурата на фурната до 350 и печете още 15-20 минути, или докато бутерчетата станат златистокафяви. Оставете да се охлади преди употреба.

ЗА КРЕМ ТИРАМИСУ:

a) Разбийте маскарпонето и ликьора от кафе с ръчен миксер на средна скорост за около 30 секунди или докато сместа стане гладка. В голяма купа или купа на миксер, разбийте тежката сметана на средна скорост, докато леко се сгъсти.

b) Добавете пудрата захар и продължете да разбивате, докато се образуват твърди върхове. Използвайте гумена шпатула, за да разбъркате внимателно сместа с маскарпоне в разбитата сметана. Оставете настрана в хладилника, докато кремчетата се охладят до стайна температура. Когато сте готови за пълнене, направете малък прорез в горната част на всяка крем бутер.

c) С лъжица изсипете крема от тирамису в торбичка с кръгъл накрайник и напълнете всяко бутерче с крем, докато се напълни. Оставете настрана, докато правите ганаша.

ЗА ГАНАША:

a) Загрейте тежката сметана за разбиване в микровълнова фурна или на котлона до пара. Изсипете горещата сметана върху нарязания шоколад в малка купа и покрийте всичко с найлоново фолио.

b) След 5 минути сместа се разбърква до гладкост и върху всяко бутерче се сипва по лъжица ганаш. Като алтернатива можете да потопите крем буфчетата.

c) Ганашът ще се стегне, докато стегне, така че не забравяйте да го затоплите внимателно, ако е необходимо.

41. Сладък картофен пай Тирамису

Прави: 16 порции

СЪСТАВ:
- 8 унции сирене маскарпоне, омекотено
- ½ чаша гранулирана захар плюс една супена лъжица отделена
- Опакована ⅓ чаша кафява захар
- 15 унции сладки картофи в сироп, отцедени и намачкани
- ½ чаена лъжичка смляна канела плюс още за гарнитура
- ¼ чаена лъжичка смляно индийско орехче
- 2 супени лъжици чист екстракт от ванилия, отделен
- 2 ½ чаши прясна бита сметана отделена
- ¼ чаша топло кафе
- 17,5 унции дамски пръсти
- 6 бр

ИНСТРУКЦИИ
ЗА НАПРАВЯНЕ НА ПЪЛНЕЖ:
a) Добавете сирене маскарпоне и ½ чаша гранулирана захар и цялата кафява захар към миксер и разбийте до гладкост.
b) След това добавете пюре от сладък картоф, канела, индийско орехче и 1 супена лъжица екстракт от ванилия и разбийте, докато се смеси добре.
c) Накрая добавете 1 ½ чаши бита сметана в сместа от сладки картофи и оставете настрана.

ЗА СГЛОБЯВАНЕ НА ТИРАМИСУ:
a) Добавете останалата чаена лъжичка ванилов екстракт в купа с кафе и разбъркайте.
b) Подредете цял ред дамски пръсти на дъното на 9-инчов тиган с пружинна форма.
c) Изсипете ½ от топлата кафеена смес върху дамските пръсти, за да ги накиснете.
d) След това вземете половината от сместа от сладки картофи и загладете горната част на женските пръсти.
e) След това създайте друг слой, като повторите всички стъпки, като започнете с добавянето на още един ред дамски

пръсти, изсипете кафения сос върху дамските пръсти и накрая добавите останалата част от сместа от сладки картофи.

f) Накрая вземете останалата 1 чаша бита сметана и разбийте останалата супена лъжица гранулирана захар и разпределете върху тирамисуто.
g) Гарнирайте горната част на тирамисуто с натрошен джинджифил върху разбит топинг и малко смляна канела.
h) Поставете формата с пружина в хладилника за поне 4 часа преди сервиране.

42. Чаша класическо тирамису

СЪСТАВ:

- 1 кг маскарпоне
- 200 г мляко
- 800 г сметана с маслености 35%.
- 200 г захар
- 40 г яйчен жълтък
- За монтаж:
- 500 г дамски пръсти
- 400 г черно кафе
- 80 г ликьор от горчиви бадеми Амарето

ИНСТРУКЦИИ:

a) Млякото се загрява със захарта до кипване и се сваля от огъня.
b) В купата на блендера разбийте жълтъците до побеляване, добавете маскарпонето и сметаната и разбийте до разбиване.
c) Когато мусът е напълно разбит, бавно и постепенно се налива сместа от мляко и захар.
d) Поставете в торбичка и използвайте веднага.
e) Поставете две парчета дамски пръсти, покриващи дъното на чашите от 125 ml.
f) Смесете кафето и ликьора от горчиви бадеми и с помощта на гарафа навлажнете сладките в чашите с кафеената смес, без да ги напоявате напълно.
g) Напълнете чашата с мус от маскарпоне и оставете ½ сантиметър място до ръба.
h) Поръсете с какао на прах.

43. Торта Тирамису

СЪСТАВ:
ЗА ТОРТАТА ДАМСКА ПЪРЧКА:
- 300 г белтъци
- 270 г захар
- 160 г жълтъци
- 200 г брашно
- 70 г царевично нишесте

ЗА КРЕМ ОТ МАСКАРПОНЕ И КАФЕ:
- 500 г маскарпоне
- 215 г пълномаслено мляко
- 126 г захар
- 146 г яйчен жълтък
- 100 гр разтворимо кафе
- 3 г желатинови листа

ЗА МУСА ОТ МАСКАРПОНЕ:
- 474 г маскарпоне
- 120 г сметана с масленост 35%.
- 160 г захар
- 160 г яйчен жълтък
- 20 г мляко
- 20 г мляко
- 6 г желатинови листа
- 30 г сметана (82% мазнини)

ИНСТРУКЦИИ:
КАЛИНКИ:
a) Белтъците се разбиват със захарта. Добавят се жълтъците. Пресейте царевичното нишесте заедно с брашното и разбъркайте внимателно в тестото. Поставете копчета с желания размер и печете на 190ºС.
b) Крем маскарпоне и кафе:
c) Смесете млякото, захарта и жълтъка и гответе на 85ºС. След това добавяме листата желатин, които предварително ще сме накиснали и разтворимото кафе. Оставете сместа да се охлади до 50ºС и добавете маскарпонето. Емулгирайте с блендер.

МУС ОТ МАСКАРПОНЕ:
a) Разбийте жълтъците в блендер. Смесете захарта и водата. Гответе и доведете до 120ºС. Постепенно и бавно се заливат с разбитите жълтъци. Оставете го да стане пухкав.
b) Добавете разтворените в млякото листа желатин. Настрана разбийте сметаната заедно с маскарпонето.
c) Смесете деликатно двете смеси. Използвайте веднага.

ПРЕЗЕНТАЦИЯ:
a) На дъното на формата се нарежда част от сметаната от маскарпоне и кафе. Покрива се с диск от дамски пръсти, напоени с кафе и сироп от амарето.
b) Отгоре се нарежда друга част мус от маскарпоне.
c) Отново се покрива с диск от дамски пръсти, напоен със сироп от кафе и амарето. Поставете останалия мус от маскарпоне и покрийте с какаов крамбъл. Завършете с какао на прах.
d) Съхранявайте на студено при +4ºС.

44. Тирамису мус за пълнеж на печива и сладкарски изделия

СЪСТАВ:
- 500 г маскарпоне
- 400 г сметана с маслености 35%.
- 150 г захар
- 40 г яйчен жълтък
- 1 супена лъжица разтворимо кафе
- 15 г бадемов ликьор Какао на прах

ИНСТРУКЦИИ:

a) В купа поставете жълтъците, заедно със захарта, варете жълтъците на двойна тенджера до побеляване, добавете бадемовия ликьор, разбийте още няколко секунди и извадете от двойната тенджера.
b) Оставете да престои на стайна температура и добавете маскарпонето и сметаната, разбъркайте до получаване на гладък крем без бучки.
c) Добавете разтворимото кафе и разбъркайте.
d) Поставят се в торбичка с накрайник и се пълнят желаните парчета, поръсват се с какао.

45. Чуромису

СЪСТАВ:

ЗА ОСНОВАТА ЧУРО:
- 170 г брашно
- 310 г вода
- 3 г сол
- 1 л слънчогледово масло
- **ЗА МУСА:**
- 500 г маскарпоне
- 240 г сметана с маслeност 35%.
- 20 г яйчен жълтък
- 75 г захар
- 50 г мляко
- 5 г разтворимо кафе
- За монтаж:
- 30 г пудра захар
- 20 г какао на прах

ИНСТРУКЦИИ:

Основа Churro

a) Смесете брашното със солта в купа и след това оставете водата да заври и изсипете върху брашното.
b) Разбъркайте с лъжица до хомогенност и поставете тестото в уред за чуро с тънка дюза.
c) Дозирайте директно в сгорещеното олио, като оформите овална форма.
d) Пържете в силно сгорещено слънчогледово олио до златисто. Отцедете маслото върху абсорбираща хартия.
e) Поставете го като основа за Churromisu.

мус от маскарпоне:

a) В купа смесете жълтъка с кафето и захарта и разбийте до твърда смес.
b) Добавете към сместа маскарпонето и сметаната и разбийте, докато стане на мус. Правете го малко по малко, за да не загуби аерацията си.
c) Дозирайте върху индивидуалната основа на чуро
d) Сглобяване:
e) Поръсете горната част с малко какао на прах.

46. Чаша Тирамису с червени плодове

СЪСТАВ:
- 6 Сухи дамски пръсти
- 375 г маскарпоне
- 50 г захар
- 2 жълтъка
- 1 яйчен белтък
- 190 г горски плодове
- 100 г вода
- 75 мл ром
- Малини и боровинки за гарнитура

ИНСТРУКЦИИ:

a) Отделете белтъците от жълтъците и оставете настрана.
b) В купа смесете захарта и маскарпонето до получаване на гладък крем.
c) Добавете един по един жълтъците и разбъркайте енергично, добавете и ликьора.
d) Единият белтък се разбива на сняг и се добавя малко по малко към сместа с маскарпоне, оставя се настрана.
e) Отделно кипнете водата заедно със захарта и червените плодове, оставете да поври няколко секунди, извадете и натрошете, поставете в дълбока купа и потопете сладките дълбоко в тази смес, като ги оставите да се напоят.
f) В чашите се нареждат блатовете, напоени с червените плодове, а след това и крема с маскарпоне.
g) Оставете да изстине и украсете с червени плодове отгоре.

47. Тирамису флан без лактоза

СЪСТАВ:

За карамела
- 150 г захар
- 15 г вода
- 10 г лимонов сок

За флана
- 284 g маскарпоне 0% лактоза
- 284g мляко без лактоза
- 270 г яйца (4 л яйца)
- 160 г захар
- 10 г разтворимо кафе

ИНСТРУКЦИИ:

Карамел:
a) Поставете захарта, лимона и водата в тенджера.
b) Сложете на среден огън и оставете докато стане златисто.
c) Поставете горещия карамел във формата за дариоли.

Флан:
a) Смесете маскарпоне 0% лактоза с всички останали съставки с помощта на блендер.
b) Изсипете кремообразната смес в карамелизираната форма и печете на 150ºC във фурна с двоен котел за 30 минути.
c) Извадете от фурната и оставете в хладилника за 2 часа преди да извадите от формата.

48. Тирамису брауни без лактоза

СЪСТАВ:

- 250 г маскарпоне
- 250 г захар
- 200 г яйца
- 160 г шоколадово покритие без лактоза (55%)
- 130 г обикновено брашно за сладкиши
- 130 г орехи
- 3 супени лъжици направено кафе (по желание)

ИНСТРУКЦИИ:

a) Поставете яйцето заедно със захарта в купа на блендер и разбъркайте добре.
b) Отделно разтопете шоколадовата глазура и смесете с маскарпоне 0% лактоза.
c) По желание можете да добавите към предишната смес 3 супени лъжици вече готово кафе, за да придадете по-класически вкус на тирамису.
d) Добавете тестото с яйцето и захарта към сместа от шоколад и маскарпоне. Разбъркайте внимателно.
e) За финал добавете пресятото брашно заедно със смлените орехи. Разбърква се и се пълни в намаслена и набрашнена форма.
f) Печете на 170ºC между 30 и 45 минути.
g) Оставете да изстине и украсете с червени плодове отгоре.

49. Тирамису с лайм

СЪСТАВ:

За крамбъла:
- 300 г масло
- 400 г захар
- 400 г обикновено брашно за сладкиши
- 5 г сол
- За крема маскарпоне и лайм:
- 500 г маскарпоне
- 1,250 g пълномаслено мляко
- 420 г захар
- 210 г царевично нишесте
- 550 г яйчен жълтък
- 20 г настъргана кора от лайм или лимон
- За швейцарския меренг:
- 400 г белтъци
- 600 г захар

ИНСТРУКЦИИ:

Основа за натрошаване:
a) Смесете всички съставки до получаване на крехко тесто.
b) Печете на 160ºC за 25 минути.
c) Тестото се темперира леко и се прекарва през месачката на робота със спираловидното рамо, за да се получат малки парченца с размерите на мръсотия.
d) Печете на 180ºC още 10 минути.
e) Съхранявайте на стайна температура.
f) **Крем маскарпоне и лайм:**
a) Смесете нишестето със захарта и 300г мляко и разбийте. Добавят се жълтъците.
b) Отделно в тенджера загрейте маскарпонето заедно с останалото мляко и кората от лайм до кипване, добавете захарната смес и разбъркайте, докато заври отново.
c) Сваля се от огъня
d) Разбъркайте, докато изстине, за да избегнете образуването на бучки.
e) След като се охлади, поставете в торбичка.

Швейцарски меренг:
a) Поставете всичко заедно да се загрее в двоен котел и разбъркайте, докато сместа достигне 55ºC.
b) Поставете в блендера и разбийте докато изстине на висока скорост
c) Поставете в торбичка.

Сглобяване:
a) Поставете крамбъл на дъното на чаша или чаша.
b) Напълнете с крем маскарпоне и лайм.
c) Дозирайте меренга върху крема за украса. (Може също да се изгори, за да му се придаде препечено докосване).
d) Настържете кора от лайм върху повърхността.

50. Тирамису с чай матча, ябълка и лайм

СЪСТАВ:
За бисквитената основа
- 5 белтъка
- 3 яйчни жълтъка
- 85 г брашно
- 1 чаена лъжичка царевично нишесте
- 75 г захар
- Пудра захар

За крема с маскарпоне
- 250 гр. Маскарпоне 0% лактоза
- 200 мл сметана без лактоза
- 3 Яйчен белтък
- 2 супени лъжици захар

За сиропа от чай матча
- 250 мл Вода+50 мл Вода
- 100 г захар
- 7 г чай матча

Допълва:
- 2 ябълки Granny Smith
- 2 липа

ИНСТРУКЦИИ:
За бисквитената основа:
a) Предварително загрейте фурната до 200ºC.
b) Направете френски меренг, като разбиете белтъците със захарта до твърд сняг. Добавят се жълтъците.
c) Пресейте брашното с царевичното нишесте и добавете към предишната смес. Изсипете тестото в торбичка с кръгла дюза и върху хартия за печене направете ленти от тестото (залепени една за друга). Пече се 8-10 минути.

За крема с маскарпоне:
d) Пригответе швейцарски меренг, като загреете белтъците (в двоен котел) със захарта, докато на пипане захарта се разтвори и не се забелязва. Белтъците се изсипват в купа и се разбиват на твърд сняг. Смесете маскарпонето 0%

лактоза със сметаната (без да разбивате) и добавете тази смес с обгръщащи движения към швейцарския меренг. Съхранявайте в хладилник.

За сиропа:
e) Пригответе запарка от чай матча с 50 мл вода и 7 г чай матча.
f) Загрейте 200 мл вода със захарта до 80ºC.
g) Добавете запарката от чай матча и я оставете да почине и да се темперира.

Презентация:
h) Вземете основа от дамски пръсти, напоена със сироп от чай матча. Отгоре редувайте крем маскарпоне със зелена ябълка Granny Smith. Завършете отгоре с порция сметана и кора от лайм.

51. **Тирамису Упи пайове**

Прави: 6 порции

СЪСТАВ:
БИСКВИТКИ:
- 2 чаши бадемово брашно
- 3 супени лъжици неовкусен суроватъчен протеин
- ½ чаша гранулиран подсладител Monk Fruit
- 2 чаени лъжички бакпулвер
- ½ чаена лъжичка сода за хляб
- ½ чаена лъжичка сол
- ½ чаша масло, нарязано на малки кубчета
- ½ чаша нисковъглехидратен заместител на захарта или ½ чаша от любимия ви нисковъглехидратен подсладител
- 2 големи яйца
- 1 чаена лъжичка ванилов екстракт
- ½ чаша пълномаслена заквасена сметана
- какао на прах за поръсване

ПЪЛНЕЖ:
- ¼ чаша студено кафе еспресо или силно кафе
- 1 супена лъжица тъмен ром по избор или подправете с алкохол по ваш избор
- 8 унции сирене маскарпоне
- 2 супени лъжици нисковъглехидратен заместител на захарта
- щипка сол
- ½ чаша тежка сметана
- 2 супени лъжици ванилов екстракт
- 2 супени лъжици тъмен ром по желание или подправете с алкохол по ваш избор

ИНСТРУКЦИИ:
a) Загрейте фурната до 350 °F. Напръскайте формата за пай с незалепващо покритие.
b) Смесете бадемово брашно, протеин на прах, подсладител от кафява захар, бакпулвер, сода за хляб и сол в купа. Заделени.

c) Разбийте маслото и захарта с миксер на средно-висока скорост до кремообразна смес; около 2 минути. Добавете яйцата и 1 чаена лъжичка ванилия, като разбивате, докато се смесят. Изстържете стените на купата. Добавете заквасена сметана, след това изсушете сместа.
d) С помощта на малка чаена лъжичка гребвайте от тестото във всяка форма за пай, като запълвате около ⅔ от пространството. Поставете малко какао на прах в малка цедка и поръсете малко от какаото на прах върху всяка лъжица за тесто.
e) Печете, докато краищата станат златисти, около 10-12 минути.
f) Охладете върху решетка за около 10 минути, след което извадете бисквитките от формата и оставете да изстинат.
g) След като изстинат, обърнете бисквитките с главата надолу върху решетката.
h) Смесете еспресо и 3 супени лъжици тъмен ром в малка купа. Разстелете около ¼ чаена лъжичка течност за еспресо върху долната страна на всяка бисквитка.
i) Разбийте сиренето маскарпоне, заместителя на захарта с ниско съдържание на въглехидрати, солта, гъстата сметана ванилия и 1 Т. тъмен ром с миксер до гладкост. С лъжица нанесете част от сместа със сиренето маскарпоне върху шоколадовата половина на бисквитките. Поставете другата половина бисквитки отгоре.
j) Сервирайте веднага или поставете в хладилник.

52. Орео Тирамису

Прави: 6 порции

СЪСТАВ:
- 6 жълтъка
- ½ чаша супер фина захар
- 2 чаши еспресо
- 2 супени лъжици чист екстракт от ванилия
- 16 унции сирене маскарпоне на стайна температура
- 2 чаши сметана за разбиване
- 32 Oreos
- 2 супени лъжици неподсладено какао за поръсване

ИНСТРУКЦИИ:

a) В стъклена купа смесете жълтъците с гранулирана захар и поставете купата върху тенджера с вряща вода.
b) Продължете да разбивате жълтъците и захарта в продължение на 8-10 минути, докато яйчената смес достигне 160°F.
c) Захарта ще се стопи и вече няма да виждате никакви захарни гранули в сместа.
d) Махнете от котлона и го оставете леко да се охлади. Това се прави, за да се пастьоризират яйцата.
e) В отделна купа с електрически миксер разбийте маскарпонето с ванилията до кремообразна смес. Разбийте топлата жълтъчна смес и оставете настрана.
f) В отделна купа разбийте пряснатa сметана до средни върхове, след което внимателно ги добавете към сместа с маскарпоне.
g) Най-лесният начин да потопите Oreo в кафето е да използвате средно плитка купа.
h) Бързо потопете Oreos и ги подредете на един слой в 8-инчова квадратна тава.
i) Разстелете половината от яйчения крем върху първия слой Oreos, последван от друг слой натопени Oreos и накрая отгоре намажете с останалия яйчен крем.
j) Покрийте с найлоново фолио и охладете в хладилника за поне 3-4 часа и за предпочитане цяла нощ.
k) С помощта на цедка с фина мрежа поръсете обилно горната част с какао на прах точно преди сервиране.
l) Нарежете на 12 части и сервирайте.

53. Амарето тирамису

Прави: 8 порции

СЪСТАВ:
- 8 унции крема сирене Neufchatel; при стайна темп.
- ⅓ чаша захар
- 5 супени лъжици ликьор Амарето
- ½ чаена лъжичка ванилия
- 3 чаши немлечни бита топинг с намалено съдържание на мазнини; 8 унции
- 24 Ladyfingers; (7 унции опаковка.)
- ¾ чаша силно кафе
- ¼ чаша неподсладено какао на прах
- 1 супена лъжица сладкарска захар
- 2 супени лъжици филирани бланширани бадеми

ИНСТРУКЦИИ:
a) Разбийте заедно крема сиренето и захарта в купа със среден размер, докато стане светло и кремообразно, 3-4 минути. Разбийте амарето и ванилията. Сложете разбитата заливка в сместа от крема сирене. Подредете половината от женските пръсти в чиния, достатъчно голяма, за да ги побере на един слой, като например гювеч 9х9".
b) Поръсете с половината кафе. Отгоре намажете с половината от сместа с крема сирене, като разпределите гладко. Поръсете с половината какао. Подредете останалите дамски пръсти върху какаото. Поръсете с останалото кафе. Отгоре намажете с останалата смес от крема сирене, като загладите горната част. Поръсете с останалото какао.
c) Покрийте и охладете поне 4 часа или за предпочитане цяла нощ. Поръсете със сладкарска захар и филирани бадеми.

54. Бери тирамису

Прави: 4 порции

СЪСТАВ:
- 1 чаша пресни малини
- 1 чаша пресни боровинки
- 1 чаша пресни къпини
- 1 чаша нарязани ягоди
- 1 чаша захар
- Сок от един лимон
- 2 пинта Тежка сметана
- 8 унции сирене Маскарпоне
- ½ чаша пудра захар
- 1 готов пандишпан,
- (9\"x9\"x2\"), нарязани на 3
- Слоеве
- 1 чаша ликьор Шамбор
- ½ чаша малиново кули
- Стръкчета прясна мента
- Пудра захар в шейкър

ИНСТРУКЦИИ:

a) В купа за смесване смесете всички плодове със захарта и лимоновия сок. С вилица намачкайте леко ¼ от плодовете срещу стената на купата. Оставете плодовете да престоят 1 час. С електрически миксер разбийте сметаната до твърди връхчета. В купа за смесване разбъркайте половината от разбитата сметана в сиренето Маскарпоне, заедно с пудрата захар. Блендирайте до пълното поемане на крема. За сглобяване наредете един слой от пандишпана на дъното на тавата.

b) Изчеткайте слоя с Chambord.

c) Разпределете ⅓ от сирената смес върху пандишпана. Повтаряйте процедурата, докато изчерпите цялата смес от кекс и сирене. Отгоре намажете тортата със заделената разбита сметана. Оставете тортата да стегне, около 1 час. Поставете парче тирамису в чинията.

d) Гарнирайте с малиново кули, пресен джоджен и пудра захар.

55. По-добро от тирамису в ресторанта

Прави: 1 порции

СЪСТАВ:
- 8 големи яйчни жълтъка
- ¾ чаша захар
- 3 килограма сирене маскарпоне
- 5 големи белтъка разбити на твърд сняг
- ¾ чаша силно кафе
- ⅓ чаша марсала
- 50 Дамски пръсти - 5 бр.
- ¼ чаша шоколад или чипс
- 1½ пинта сметана за разбиване

ИНСТРУКЦИИ:
a) Комбинирайте жълтъците и захарта в купата на миксера до гъста и бледожълта смес.
b) Поставете върху двоен котел с вряща вода и гответе 8 минути, като бъркате непрекъснато.
c) Свалете от огъня, добавете сиренето, докато се поеме напълно.
d) Сложете разбитата сметана и белтъците.
e) Комбинирайте кафе и марсала.
f) В тиган 10 x 14 нанесете слой дамски пръст, след което намажете с кафе и марсала.
g) Разпределете върху половината смес от сирене и разбита сметана.
h) Направете още един слой с ladyfinger, намажете с кафе и марсала или потопете.
i) Разпределете останалото сирене и разбита сметана и смес от белтъци.
j) Отгоре се настъргва шоколад.
k) Покрийте с найлоново фолио (подкрепете с клечки за зъби).
l) Охладете няколко часа или цяла нощ. Съхранява се в хладилник 4-5 дни.

56. Черешово тирамису

Прави: 8 порции

СЪСТАВ:
- 12 бисквитки Ladyfinger
- ⅔ чаша еспресо
- 3 големи яйца; при стайна температура
- 3 супени лъжици захар
- 1 чаша сметана за разбиване
- ¼ чаша пудра захар
- 2 супени лъжици лимонов сок
- 4 унции полусладък шоколад; нарязани на ситно
- 1 чаша сладки череши; без костилки

ИНСТРУКЦИИ:
a) Подредете бисквитките на един слой върху восъчна хартия; напръскайте равномерно с еспресо. Заделени. С помощта на електрически миксер разбийте яйцата и захарта на висока скорост в голяма купа, докато стане гъста и бледа; заделени. В дълбока, охладена купа смесете сметаната, пудрата захар и лимоновия сок; разбийте на висока скорост, докато стане твърда. Разбъркайте сметановата смес в яйчената смес.
b) Подредете половината бисквитки на дъното на широка 2 литра стъклена купа.
c) Покрийте с половината сметанова смес, след което равномерно поръсете върху половината шоколад. Отгоре покрийте с останалите бисквитки, сметановата смес и шоколада.
d) Покрийте и охладете поне 1 час или до 3 часа. Подредете горски плодове около ръба на съда. Нарежете на клинове, след което извадете с широка лъжица за сервиране.

57. Тирамису на Делауренти

Прави: 1 порции

СЪСТАВ:
- 1 чаша захар
- 6 яйца; разделени
- 1 килограм сирене маскарпоне
- 2 пакета от 7 унции сушени дамски пръсти - (около 24)
- 2 чаши сварено еспресо
- Неподсладено смляно какао; на прах
- 1 малък полусладък шоколад; да се обръсне

a) В купа разбийте захарта и жълтъците. Постепенно добавете маскарпонето и продължете да бъркате, докато сместа стане кремообразна. В друга купа разбийте белтъците до консистенция на меренг (твърд сняг).
b) Внимателно добавете меренга към сместа с маскарпоне.
c) Бързо и леко потопете достатъчно женски пръсти или бисквити в свареното еспресо, за да покриете дъното на тиган с размери 8 на 8 инча или стъклена чиния за сервиране.
d) Покрийте дамските пръсти или бисквитите с едната половина от сместа с маскарпоне, последвано от обилно поръсване с какао и шоколад.
e) Повторете процеса на наслояване. (Ако предпочитате по-малко влажен десерт, можете да разделите слоевете на трети или да потопите дамските си пръсти още по-бързо....) 3. След като сте сглобили, разклатете леко тигана, за да се утаят съставките.
f) Охладете поне два часа (за предпочитане през нощта) преди сервиране.
g) Нарежете на порции и сервирайте.

58. Лесно бананово тирамису

Прави: 12 порции

СЪСТАВ:
1½ чаша мляко; ниско съдържание на мазнини
2 супени лъжици разтворимо кафе на гранули
1 опаковка Крема сирене; 8 унции
1 пакет ванилов пудинг; 4 порции
. размер
2 чаши замразени немлечни разбити
. топинг; размразени
3 средни зрели банана; нарязани
6 унции Ladyfingers; цепете и нарязвайте
. на половина
1½ унция полусладък шоколад; настърган
1 банан; нарязан (опция)
Шоколадови стърготини (опция)
ГАРНИТУРА

Разбъркайте млякото и кафето, докато кафето почти се разтвори.

Разбийте заедно крема сиренето и захарта в голяма купа, докато стане гладко и смесено. Добавете сместа за пудинг; постепенно разбийте кафеената смес, докато стане гладка и смесена. Внимателно разбъркайте разбитата заливка и трите нарязани банана, докато се смесят.

Слой ⅓ от женските пръсти на дъното и стените на 3-литров гювеч; равна лъжица добавете ⅓ от сметановата смес и поръсете с ½ настърган шоколад. Повторете слоевете, като завършите със сметанова смес. Охладете поне 1 час преди сервиране.

Гарнирайте с допълнителни нарязани банани и шоколадови стърготини, ако желаете.

59. Тирамису от горски плодове на Емерил

Прави: 12 порции

СЪСТАВ:
- 1 чаша пресни малини
- 1 чаша пресни боровинки
- 1 чаша пресни къпини
- 1 чаша нарязани ягоди
- 1 чаша захар
- 1 сок от един лимон
- 2 пинта тежка сметана
- 8 унции сирене маскарпоне
- ½ чаша пудра захар
- 1 пандишпан; нарязан на
- 1 три слоя
- 1 чаша ликьор Шамбор
- ½ чаша малиново кули
- 1 листенца мента за украса

ИНСТРУКЦИИ:

a) В купа за смесване смесете всички плодове със захарта и лимоновия сок. С вилица намачкайте леко ¼ от плодовете срещу стената на купата. Оставете плодовете да престоят 1 час. С електрически миксер разбийте сметаната до твърди връхчета. В купа за смесване разбъркайте половината от разбитата сметана в сиренето Маскарпоне, заедно с пудрата захар. Блендирайте до пълното поемане на крема. За сглобяване наредете един слой от пандишпана на дъното на тавата.

b) Изчеткайте слоя с Chambord. Разпределете ⅓ от сирената смес върху пандишпана. Повтаряйте процедурата, докато изчерпите цялата смес от кекс и сирене. Отгоре намажете тортата със заделената разбита сметана. Оставете тортата да стегне, около 1 час. Поставете парче тирамису в чинията. Гарнирайте с малиново кули, пресен джоджен и пудра захар.

60. Замразено тирамису от лешници и мандарини

Прави: 12 порции

СЪСТАВ:
- ½ чаша захар
- ¼ чаша вода
- 1 чаша лешници, препечени
- 1 чаша пресен сок от мандарини (от около 3 мандарини)
- 13 унции захар
- 8 големи яйчни жълтъка
- 13 унции вода
- ½ чаша сметана за разбиване
- 1 супена лъжица настъргана кора от мандарина
- 2 контейнера от 8,8 унции сирене маскарпоне или 16 унции разбито крема сирене
- 7 супени лъжици Grand Marnier или друг портокалов ликьор
- 5 супени лъжици разтворимо еспресо на прах или разтворимо кафе на прах
- 3 (около) пакета от 4,4 унции бисквити с шампанско (4-инчови дълги бисквити, подобни на дамски пръст)
- Неподсладено какао на прах
- Резенчета мандарина (опция)

ИНСТРУКЦИИ:
ПЪЛНЕЖ ПРАЛИНЕ

ЗА ПРАЛИНА:
a) Леко масло за печене. Разбъркайте захарта и водата в тежка средна тенджера на среден огън, докато захарта се разтвори. Увеличете котлона и варете, без да разбърквате, докато сиропът стане тъмно кехлибарен, като избърсвате стените на тигана с четка за сладкиши, потопена във вода, и въртите тигана от време на време.
b) Смесете ядките. Изсипете върху подготвения лист; готино. Нарежете на едро пралине.

ЗА ПЪЛНЕНЕ:

a) Сварете сока от мандарина в тежка голяма тенджера, докато се намали до ¼ С, около 12 минути. Заделени. Разбийте 1 градуса захар и жълтъците в голяма метална купа. Разбийте в 1 С вода. Поставете купа върху тенджера с кипяща вода и разбърквайте непрекъснато, докато термометърът за бонбони регистрира 180F, около 5 минути. Извадете от водата. С помощта на електрически миксер разбийте сместа, докато изстине, около 5 минути. Смесете сока от мандарина, сметаната и кората. Добавете маскарпоне и 2 супени лъжици Grand Marnier и разбийте до гладкост. Сгънете в 1 С пралине (запазете останалото пралине за друга употреба). Охладете пълнежа, докато приготвяте бисквитите.
b) Подредете тава с пружинна форма с диаметър 9 инча и 2¾ инча високи страни с пластмасова обвивка. Разбъркайте останалите 10 T захар, 10 T вода и еспресо на прах в тежка малка тенджера на слаб огън, докато захарта се разтвори.
c) Смесете 5 супени лъжици Grand Marnier. Охладете сиропа.
d) С помощта на остър нож отрежете 1 бисквита до 3 инча дължина. Накиснете бисквитите в сиропа за 10 секунди от всяка страна. Поставете заоблените край нагоре и захаросаната страна срещу страната на подготвения тиган. Повторете с толкова бисквити, колкото е необходимо, за да покриете стените на тигана. Напоете още бисквити със сироп и ги наредете на дъното на тава, като покриете напълно. Изсипете половината от плънката в тава. Накиснете останалите бисквити в сироп за 10 секунди от всяка страна; поставете върху пълнежа, покривайки напълно. Сложете с лъжица останалия пълнеж.
e) Замразете поне 8 часа.
f) Освободете стените на тавата от тортата. Сгънете надолу пластмаса. Пресейте какаото върху десерта, гарнирайте с резени мандарина, ако желаете.

61. Замразени мелби тирамису

Прави: 4 порции

СЪСТАВ:
- 1½ чаша сметана за разбиване
- 2 супени лъжици сладкарска захар
- 6 унции сирене маскарпоне или крема сирене; омекнал
- 1⅔ чаша Crumbled ladyfingers
- ¼ чаша Студено; изключително силно сварено кафе или еспресо
- 4 супени лъжици тъмен ром
- 8 топки премиум кафе сладолед
- ¼ чаша настърган горчив шоколад
- Шоколадов сос за гарнитура
- Шоколадови къдрици за украса

ИНСТРУКЦИИ:

a) Разбийте сметаната в голяма купа с електрически миксер, докато стане пяна. Разбийте със сладкарска захар до меки връхчета.
b) Прехвърлете бита сметана в голяма цедка с телена мрежа, покрита с филтър за кафе или тензух; поставете цедка върху купа. Охладете до няколко часа; (до готовност за сглобяване или сервиране).
c) Поставете сиренето в малка купа; разбийте с електрически миксер, докато стане светло и пухкаво. Разбийте около ½ от разбитата сметана, докато стане гладка и светла.
d) За да сглобите, разпределете натрошените дамски пръсти в 4 чинии за сервиране.
e) Поръсете всяка с 1 супена лъжица кафе и ½ до 1 супена лъжица тъмен ром. Отгоре покрийте всяка с ¼ от сместа със сирена и 2 топки сладолед с кафе. Замразете до един час преди сервиране.
f) За да сервирате, изсипете с лъжица останалата сметана в сладкарска торбичка, снабдена с ½ инчов звездообразен връх (или просто изсипете сметаната отгоре с лъжица!).
g) Полейте малко шоколадов сос върху всяка порция. Тръба или лъжица малко бита сметана върху всичко; поръсете с 1 супена лъжица настърган шоколад. Гарнирайте с шоколадова къдравица и сервирайте веднага.

62. Тирамису с горски плодове

Прави: 6 порции

СЪСТАВ:
- 600 милилитра двоен крем; (1 пинта)
- 250 грама сирене Маскарпоне; (9oz)
- 8 супени лъжици пудра захар
- 6 яйчни жълтъка
- 1¼ литър горещо силно черно кафе; (2 пинти)
- 1 супена лъжица вино Марсала
- 1 супена лъжица ликьор Тиа Мария
- 450 грама бисквити Савоярди; (1lb)
- 450 грама пресни горски плодове; (малини,
- ; ягоди,
- ; касис и др.)
- ; (1lb)

ИНСТРУКЦИИ:

a) Сложете сметаната в купа със сиренето маскарпоне и половината пудра захар. Разбийте добре, докато захарта се разтвори и кремът стане гъст.

b) В друга купа разбийте жълтъците с останалата захар за около 10 минути, докато сместа стане доста гъста, лека и пухкава. С помощта на голяма метална лъжица добавете жълтъчната смес към сиренето маскарпоне. Смесете заедно кафето, Марсала и Тиа Мария в плитка купа.

c) За да сглобите тирамису, изсипете с лъжица една трета от сместа с маскарпоне на дъното на съд от 1⅔ литър (3 пинти), който е дълбок 7,5 см (3 инча). Вземете една по една бисквита, потопете половината бисквити в кафеената смес и подредете един слой върху маскарпонето. Отгоре наредете половината от плодовете.

d) Върху плодовете се разпределя още една трета от сместа с маскарпоне и се покриват с останалите бисквити, намокрени с кафеената смес.

e) Отгоре намажете с останалата маскарпоне смес и завършете с останалите плодове, подредете декоративно. Покрийте тирамисуто със стреч фолио и охладете за поне 6 часа в хладилник, за да сервирате. Поднася се охладено.

63. Годива тирамису

Прави: 12 порции

СЪСТАВ:
- 5 унции ликьор Godiva, разделени
- 20 Ladyfingers
- 1 килограм сирене Маскарпоне
- 4 унции черен шоколад, настърган
- ½ чаша еспресо
- 2 яйца, разделени
- ⅓ чаша сладкарска захар

ИНСТРУКЦИИ:
a) Смесете 3 унции ликьор Godiva с еспресо.
b) Потопете дамските пръстчета в кафето и ги поставете на един слой в плитък съд за печене.
c) Покрийте с останалата течност. Разбийте сиренето маскарпоне, жълтъците, захарта върху останалия ликьор до гладкост.
d) Белтъците се разбиват на сняг; разбъркайте в сместа със сирене.
e) Изсипете сирене върху дамски пръсти; поръсете с шоколад и приберете в хладилник за една нощ.

64. Замразено тирамису

Прави: 8 порции

СЪСТАВ:
- 10¾ унция паунд торта
- ⅓ чаша еспресо, охладено
- 2 халби кафе замразено кисело мляко, омекотено
- 1 пинта Шоколадово замразено кисело мляко, омекотено
- 2 чаши Cool Whip
- ¾ чаша Леко крема сирене
- 2 супени лъжици сладкарска захар
- ¾ чаена лъжичка ванилия
- Настърган шоколад
- Горещ фъдж сос

ИНСТРУКЦИИ:
a) Постелете форма за хляб с размери 9 x 5 инча с пластмасова обвивка. Нарежете кейка хоризонтално на четири филийки.
b) Поставете слой торта от един килограм в тава за хляб, подрязвайки, за да пасне. Поръсете с една трета от еспресото. Отгоре намажете с половината кафе сладолед, като изгладите повърхността до изравняване.
c) През това време в купа разбийте леко крема сирене на средна скорост, докато изглежда разбито. Добавете сладкарска захар и ванилия. Разбъркайте, докато се смеси.
d) Разбийте разбитата сметана. Покрийте с найлоново фолио и охладете до по-късно. За да сервирате, обърнете формата за хляб, за да извадите тирамисуто, и отлепете пластмасовото фолио. Оставете леко да омекнат

65. Мока мамбо торта тирамису

Прави: 8 порции

СЪСТАВ:

- 1 опаковка (10,75 унции) замразена торта с намалено съдържание на мазнини; размразени
- ⅓ чаша охладено еспресо Starbucks® или двойно по-силно кафе
- 1 литър сладолед с ниско съдържание на мазнини Mocha Mambo на Starbucks; омекнал
- 2 чаени лъжички фино смляно еспресо или кафе Starbucks
- 2 чаши замразена разбита заливка без мазнини
- 8 Шоколадови зърна кафе за гарнитура; (по избор)

ИНСТРУКЦИИ:

a) Постелете тава за хляб 9x5 инча с пластмасова обвивка. Нарежете кейка хоризонтално на четири филийки. Поставете слой торта от един килограм в тавата за хляб, като нарежете тортата, за да пасне, ако е необходимо.
b) Поръсете тортата с една трета от ⅓ чаша охладено еспресо или кафе; нанесете ⅓ литър сладолед Starbucks с ниско съдържание на мазнини Mocha Mambo, за да покриете равномерно тортата; повторете два пъти с останалата торта, еспресо и сладолед, завършвайки с паунд кейк (4 слоя торта към 3 слоя сладолед).
c) Покрийте тортата и замразете, докато стегне (приблизително 2-3 часа).
d) За да сервирате, извадете хляба и пластмасовото фолио от тигана. Разбъркайте фино смляно еспресо в разбит топинг. Замразете горната част и страните на хляба със сместа.
e) Гарнирайте с кафеени зърна, покрити с шоколад.

66. Тирамису на Le Latini

Прави: 14 порции

СЪСТАВ:
- ½ чаша двойно силно еспресо
- 2 супени лъжици коняк
- ¼ чаша амарето
- 20 бисквити савоярде
- 2 чаши сирене Маскарпоне
- 7 яйца, разделени
- ½ чаша захар
- 1 квадрат с горчив шоколад
- 25 италиански бисквити Амарето

Порции: 14

ИНСТРУКЦИИ:
a) Сиренето маскарпоне трябва да се разбие до пухкава смес. Настържете на квадратче горчивия шоколад.
b) В плитка купа смесете кафето, коняка и половината амарето. Потопете всяка бисквита Savoyarde в кафеената смес и незабавно поставете в 3-литрова правоъгълна форма за печене (13 x 9 инча) със захарната страна нагоре. Запазете остатъците от сместа за еспресо. Слой бисквити, потопени в кафе, трябва да покрива дъното на съда.
c) Разбийте белтъците, докато задържат върхове; заделени.
d) Разбийте жълтъците до лимонов цвят. Постепенно добавете захарта и продължете да разбивате, докато се включи цялата захар.
e) Добавете сиренето маскарпоне.
f) Разбъркайте с настърган шоколад и останалата част от амарето.
g) Внимателно добавете силно разбитите белтъци.
h) Изсипете сместа върху бисквитите савоярди.
i) Потопете бисквитите амарето в сместа за еспресо и ги наредете.

67. [Тирамису с лимонови плодове](#)

Прави: 1 порции

СЪСТАВ:
- ⅓ чаша замразен концентрат от ананас-портокал-ягода, размразен
- 3 супени лъжици ликьор с вкус на портокал или портокалов сок
- 1 чаша светло сирене рикота
- ½ опаковка (8 унции) 1/3 по-малко маслено крема сирене (Neufchatel), омекотено
- 1 кутия (15,75 унции) пълнеж за лимонов пай
- 2 опаковки (3 унции) дамски пръсти, разделени
- 1 пинта (2 чаши) нарязани пресни ягоди
- ½ пинта (1 чаша) пресни малини

Време за приготвяне: 25 минути

ИНСТРУКЦИИ:
a) В малка купа комбинирайте концентрат от сок и ликьор; смесете добре. Заделени.
b) В голяма купа с електрически миксер разбийте сиренето рикота и крема сиренето на средна скорост до гладкост. Добавете пълнеж за пай; разбийте, докато се смесят добре и станат пухкави, като от време на време остъргвате стените на купата.
c) Постелете дъното на тава за печене с размери 12x8 инча (2 кварта) с половината дамски пръсти, с разреза нагоре. Намажете дамските пръсти с половината смес от концентриран сок.
d) Разпределете половината лимонов пълнеж равномерно върху дамските пръсти. Отгоре сложете по половин ягоди и малини. Повторете слоевете. Приберете в хладилник до времето за сервиране. Да се съхранява в хладилник.

68. Тирамису с ниско съдържание на мазнини

Прави: 9 порции

СЪСТАВ:
- ½ чаша захар
- 1 чаша обезмаслена извара
- 1 чаша алтернатива заквасена сметана без мазнини
- 2 супени лъжици тъмен ром
- 1 кашон (8 унции) ванилово нискомаслено кисело мляко
- 1 пакет (8 унции) сирене neufchatel
- 1¼ чаша гореща вода
- 1 супена лъжица Плюс
- ½ чаена лъжичка разтворимо еспресо кафе на гранули
- 40 Ladyfingers
- ½ чаена лъжичка неподсладено какао

ИНСТРУКЦИИ:
a) Поставете първите 6 съставки в кухненски робот с острие на ножа и обработете до гладкост; заделени.
b) Комбинирайте гореща вода и еспресо гранули в малка купа. Разделете женските пръсти наполовина по дължина. Бързо потопете 20 от половинките, с разреза надолу, в еспресо и поставете, с потопената страна надолу, на дъното на 9-инчов квадратен съд за печене.
c) Потопете още 20 половинки дамски пръсти, с разреза надолу, в еспресо и подредете с потопената страна надолу върху първия слой. Разпределете 2 градуса от сирената смес равномерно върху дамските пръсти. Повторете процедурата с останалите половинки дамски пръсти, еспресо и смес от сирена.
d) Поставете клечки за зъби във всеки ъгъл и 1 в центъра на тирамисуто, за да предотвратите залепването на пластмасовото фолио върху сместа със сирене. Покрийте с найлоново фолио и охладете за 3 до 8 часа. Преди сервиране поръсете с какао.

69. Тирамису пай на Mr. food

Прави: 8 порции

СЪСТАВ:
- 16 унции крема сирене, омекотено
- ½ чаша захар
- ½ чаена лъжичка екстракт от ванилия
- 2 яйца
- 6 Ladyfingers, разделени
- 1 9-инчова подготвена кора за пай с бисквити Graham
- ½ чаша силно черно кафе
- 1 супена лъжица екстракт от бренди
- 1 чаша Замразена бита топинг, размразена
- 1 супена лъжица Шоколадови пръски

ИНСТРУКЦИИ:
a) Загрейте фурната до 350°F.
b) В голяма купа, с електрическа бъркалка на средна скорост, смесете крема сиренето, захарта и ванилията, докато се смесят добре.
c) Добавете яйцата и разбъркайте, докато се смесят.
d) Подредете дамските пръстчета на дъното на кората за пай

70. Тирамису с прасковено бренди

Прави: 4 порции

СЪСТАВ:
- 1 пакет (8-унции) нискокалорично крема сирене (neufchatel)
- 2 супени лъжици Прасковено бренди
- 1 супена лъжица мляко
- ½ чаша непресята сладкарска захар
- ½ чаена лъжичка екстракт от ванилия
- ½ чаша тежка или разбита сметана
- 1 пакет (3-унции) дамски пръсти
- 3 супени лъжици еспресо или силно кафе; охладен
- 1 чаша пресни или консервирани праскови на кубчета; добре дренирана
- ½ чаша тежка или разбита сметана
- 2 супени лъжици непресята сладкарска захар
- 1 супена лъжица Прасковено бренди
- ¼ чаена лъжичка екстракт от ванилия
- Резенчета праскова за украса

ИНСТРУКЦИИ:
a) В голяма купа на миксер разбийте крема сиренето, брендито и млякото, докато се смесят и станат пухкави. Смесете със сладкарска захар и ванилия.
b) В малка купа на миксер разбийте сметаната, докато се образуват твърди върхове.
c) Сгънете в смес от крема сирене; заделени. Ред 4 (8 унции) десертни чинии с половинки дамски пръсти, разделени страни навътре. Намажете с еспресо или кафе.
d) Сложете с лъжица половината смес от крема сирене върху дамски пръсти в чинии. Лъжица праскови отгоре. Сложете с лъжица останалата смес от крема сирене върху праскови.
e) Направете бита сметана от бренди: разбийте сметаната, сладкарската захар, прасковеното бренди и екстракта от ванилия до твърди връхчета. Гарнирайте с разбита сметана от бренди.
f) Покрийте и охладете поне 2 часа. Гарнирайте с резенчета праскова непосредствено преди сервиране.

71. Тирамису с аромат на портокал

Прави: 8 порции

СЪСТАВ:
- 15 гъбени пръсти; до 16
- 150 милилитра прясно изцеден портокалов сок
- 2 супени лъжици Cointreau
- 1½ чаена лъжичка натурален екстракт от ванилия
- 1 250 грама кола рикота; или използвайте половин рикота, половин кварк
- 2 супени лъжици портокалов мармалад
- 50 грама твърд черен шоколад с високо съдържание на какао; настърган

ИНСТРУКЦИИ:
a) Постелете дъното на плитка, правоъгълна (30х18 см) или овална форма за печене с един слой пандишпан. (Може да се наложи да счупите няколко наполовина).
b) Разбъркайте заедно портокаловия сок, Cointreau и половин чаена лъжичка ванилов екстракт. Поръсете тази смес върху гъбените пръсти, супена лъжица наведнъж.
c) Смесете сиренето рикота, мармалада и останалата ванилия в кухненския робот. Овкусете, докато отивате, и добавете още мармалад, ако смятате, че е необходимо. Обработвайте, докато сместа стане гладка и пухкава, след което разнесете върху гъбените пръсти.
d) Поръсете отгоре равномерно с настърган шоколад и охладете, докато е необходимо.

72. Тирамису от маслинова градина

Прави: 6 порции

СЪСТАВ:
- 1 10-12\" пандишпан 3\" висок
- 3 унции силно черно кафе или:
- Приготвено разтворимо еспресо
- 3 унции бренди; ром или любимия ви ликьор
- 1½ паунда Крема сирене или: маскарпоне*
- 1½ чаша супер фина или пудра захар
- Какао на прах; неподсладени

ИНСТРУКЦИИ:
a) Разрежете напречно на средата на пандишпана, за да оформите два диска с дебелина около 1"-1-½" всеки. Смесете заедно кафето или еспресото и ликьора.
b) Поръсете долната половина на тортата със сместа от кафе ликьор, колкото да я овкусите силно, но не напоявайте тортата толкова много, че да се спука.
c) Смесете крема сиренето или маскарпонето със захарта и разбийте сиренето, докато захарта се разтвори напълно и сиренето стане светло и годно за мазане.
d) Намажете долната половина на тортата с половината кремообразно сирене на доста дебел слой.
e) Поставете втората половина на тортата върху долната половина и повторете процеса ~ поръсете със сместа кафе/ликьор и намажете с останалото крема сирене. Сложете какаото на прах в телена цедка и намажете горния слой крема сирене изцяло с какао.
f) Охладете тортата поне два часа преди да я нарежете и поднесете.

73. Вземи ме (тирамису)

Прави: 8 порции

СЪСТАВ:
- 4 яйца
- ¼ чаша Марсала
- ¼ чаша сладкарска захар
- 8 унции маскарпоне или извара; ако е заседнал
- 1½ чаша силно кафе, подсладено с; 1/2 чаша бяла захар
- 40 пандишпанови бисквитки (около; 3 инча на 1 инч
- 4 унции полусладък шоколад

ИНСТРУКЦИИ:

a) Разделете яйцето и жълтъците. Отделете две бели в друга купа.
b) Смесете жълтъците, виното и захарта и ги разбийте. Доведете тенджера с вода до малко под кипене, след това намалете да къкри и разбийте жълтъчната смес върху водата, докато започне да набъбва и да се сгъстява. (Използвайте двоен бройлер или тенджера, ако имате такъв.) Оставете жълтъчната смес настрана.
c) Двата останали белтъка разбийте на твърд сняг и ги добавете към жълтъчната смес, след което оставете настрана. Втечнете сиренето в процесор или блендер и добавете към него сместа от жълтъци и белтъци. Проверете сладостта на този етап и я коригирайте на вкус. Потопете всяка бисквитка в кафето; оставете да попие добре.
d) Подредете кора от бисквитки върху чинията си, след което намажете бисквитките с тънък пласт от сместа яйце/сирене. Повторете процеса, докато използвате последния слой яйце/сирене. Прокарайте нож около ръба на вашата малка сграда, за да изгладите страните. Настържете шоколада и го поръсете отстрани и отгоре. Охладете до пълно охлаждане и оставете настрана.

74. Бързо калуа тирамису

Прави: 8 порции

СЪСТАВ:
- 2 филийки паунд кейк
- 4 унции прясно сварено кафе; за предпочитане еспресо
- 2 големи топки ванилов сладолед
- 2 унции Kahlua
- горчив шоколад; решетка
- Неподсладено какао

ИНСТРУКЦИИ:
a) Поставете парчетата торта в плитки десертни купички.
b) Навлажнете с кафе. Отгоре сложете по една топка сладолед.
c) Изсипете Kahlua върху сладоледа.
d) Поръсете с настърган шоколад или какао.

75. Тирамису с малини и кафе

Прави: 1 порции

СЪСТАВ:
- ½ чаша универсално брашно
- ½ чаена лъжичка фино смляно кафе
- 3 много големи яйца; отделени, стайна температура
- 5 супени лъжици захар
- ½ чаена лъжичка екстракт от ванилия
- Пудра захар
- 3 супени лъжици фрамбоаз
- 1 супена лъжица разтворимо еспресо на прах
- 2 пакетчета крема сирене от 8 унции
- ⅔ чаша пудра захар
- 6 унции кошница малини
- ¾ чаша Прясно сварено силно кафе
- 3 супени лъжици захар
- Допълнителна пудра захар
- Прясна мента
- 1 опаковка от 10 унции замразени малини; размразен сироп
- 2 супени лъжици Framboise eau-de-vie

ИНСТРУКЦИИ:

За Ladyfinger Round:

a) Загрейте фурната до 350F. Постелете 2 кори с пергамент. Смесете брашно и смлени кафеени зърна в малка купа.
b) С помощта на електрически миксер разбийте жълтъците и 4 супени лъжици захар в средна купа, докато се образува гъста и бавно разтваряща се лента, когато бъркалките се вдигнат, около 4 минути. Разбийте ванилията.
c) Смесете сухите съставки (тестото ще стане гъсто). С помощта на електрически миксер, снабден с чисти сухи бъркалки, разбийте белтъците до плътност и пяна.
d) Добавете останалата 1 супена лъжица захар и разбийте, докато белтъците станат твърди, но не сухи. Разбъркайте в жълтъчната смес на 2 пъти.

e) Пуснете тестото със заоблени супени лъжици (8 на лист) върху подготвените листове, като разпределите равномерно. Пресейте пудрата захар на кръгчета. Печете, докато кръговете станат златистокафяви по ръбовете, около 16 минути. Охладете в тиган върху решетка. Отстранете кръгчетата дамски пръсти от пергамента.

За пълнене:
f) Комбинирайте фрамбоаз и разтворимо еспресо в малка купа. Разбъркайте, докато еспресото се разтвори. С помощта на електрически миксер разбийте крема сиренето и ⅔ чаша пудра захар, докато стане светло и пухкаво. Разбийте кафената смес. Сгънете 1 чаша малини. Оставете да престои на стайна температура.
g) Смесете кафето и 3 супени лъжици захар. Разбъркайте, докато захарта се разтвори. Лъжица 1 оскъдна супена лъжица смес от кафе върху плоската страна на 1 дамски пръст Поставете страната на кафето нагоре върху чинията. Разпределете ⅓ чаша пълнеж отгоре. Поставете плоската страна надолу върху пълнежа.
h) Поръсват се с пудра захар. Сложете с лъжица малинов сос около десертите. Гарнирайте с останалите малини и прясна мента и сервирайте.

За малинов сос:
i) Пасирайте малините и сиропирайте в процесор. Прецедете в малка купа, за да отстраните семената. Разбъркайте eau-de-vie. Покрийте и охладете.

76. Тирамису с бял шоколад

Прави: 6 порции

СЪСТАВ:
- 175 грама бял шоколад
- 150 грама млечен шоколад
- 1 150 милилитра картонена двойна сметана
- 2 кашона маскарпоне от 250 г
- 50 грама пудра захар
- 2 супени лъжици кафе ликьор
- 100 милилитра силно черно кафе
- 18 гъбени пръсти
- Какао на прах; на прах

ИНСТРУКЦИИ:

a) 1 Начупете белия шоколад в топлоустойчива купа и го разтопете върху тиган с кипяща вода. Сваля се от котлона и се оставя да изстине. Нарежете млечния шоколад на едро.

b) 2 Леко разбийте сметаната, докато образува меки връхчета. Смесете маскарпонето и пудрата захар до гладкост и омекване.

c) 3 Разбийте разтопения бял шоколад и нарязания млечен шоколад. Внимателно добавете крема. Изсипете ликьора и кафето в плитка купа и потопете половината пандишпанови пръсти в течността. Използвайте за подреждане на стъклена купа за сервиране.

d) 4 Покрийте пандишпана с половината смес от маскарпоне. Отгоре поставете останалите пандишпанови пръсти, последвани от останалата смес от маскарпоне. 5 Охладете тирамисуто поне за час. Поръсете с какао за сервиране.

77. Тирамису от бял шоколад с горски плодове

Прави: 10 порции

СЪСТАВ:
- ¾ чаша Grand Marnier; приблизително
- ⅓ чаша гранулирана бяла захар
- 28 унции (4 опаковки) дамски пръсти
- 12 унции бял шоколад; нарязани
- ½ чаша сметана за разбиване
- 1½ паунда Леко крема сирене
- 6 супени лъжици обезмаслена сметана
- 6 супени лъжици гранулирана бяла захар
- 2 супени лъжици ванилия
- 3 литра пресни плодове; ягоди, боровинки или малини, почистени (нарязани ягоди); смесица от тях е доста

ИНСТРУКЦИИ:
a) За везна за 10 порции използвайте 10-инчов тиган с пружинна форма.
b) Разтопете шоколада със сметаната за разбиване в малка тежка тенджера на слаб огън.
c) Разбърква се до гладкост. Охладете сместа до стайна температура.
d) В купа разбийте крема сиренето със заквасената сметана и шоколадовата смес. Заделени.
e) Изсипете Grand Marnier в плитка купа. Изсипете първата мярка захар в малка чиния. Подстрижете дамски пръст до височината на ръба на тиган с пружинна форма.
f) Бързо потопете бисквитката в ликьора, като я обърнете, за да се покрие леко. Потопете едната страна в захар. Поставете бисквитката със закръглената страна нагоре със захаросаната страна срещу стената на тигана. Повторете с толкова дамски пръсти, колкото е необходимо, за да покриете стените на тигана. За дъното на тигана потопете бисквитките само в Grand Marnier, като пропуснете захарта. Подстрижете, за да пасне.
g) Изсипете с лъжица половината от сместа от сирене и шоколад в тава, загладете горната част.

h) Поръсете с половината смесени горски плодове. Отгоре поставете още потопени дамски пръсти, покривайки плодовете напълно и подрязвайки, за да паснат. Следвайте с останалата смес от сирене. Горен десерт с останалите горски плодове. Покрийте; охладете поне 6 часа или цяла нощ. Освободете стените на тигана и прехвърлете тортата в чиния за сервиране. Гарнирайте с бели шоколадови къдрици, ако желаете.

78. Тирамису Kahlua и Grand Marnier

Прави: 10 порции

СЪСТАВ:
- 8 яйчни жълтъка
- ½ чаша захар
- ¾ чаша захар
- ¼ чаша Kahlua
- 15 унции сирене маскарпоне
- ¼ чаша ром
- 2 чаши Тежка сметана; разбити твърдо
- ¼ чаша Grand Marnier
- 2 чаши силно кафе

ИНСТРУКЦИИ:
a) Разбийте жълтъците със захарта, докато придобие светъл цвят и тестото образува „панделка", когато бъркалката се повдигне и тестото не „отпада" от бъркалката, а по-скоро пада обратно върху себе си като лента. Добавете маскарпонето, разбийте добре и след това тежката сметана. Приберете в хладилника.
b) Накисване: Смесете кафето, захарта и ликьорите заедно, докато захарта се разтвори. Изсипете половината от сместа с маскарпоне в голяма купа.
c) Потопете 1 дамски пръст наведнъж в сместа за кафе, докато се навлажни напълно, но не капе. Ако позволите на дамските пръсти да поемат твърде много от сместа за кафе, те ще отделят течността си в слоя крем и кремът ще бъде воднист.
d) Покрийте цялата повърхност на слоя крем с натопени дамски пръсти. Изсипете останалата смес от маскарпоне върху дамските пръстчета, като заглаждате с шпатула.
e) Нарежете малко сладко-горчив шоколад на средни/малки парченца и поръсете отгоре на десерта. Охладете поне 8 часа, най-добре през нощта. Сервирайте студено.

79. коледно тирамису

Прави: 10 порции

СЪСТАВ:
- 1 килограм маскарпоне или меко крема сирене
- ¾ чаша захар
- 8 големи яйчни жълтъка
- ½ чаша сладко вино
- 2 чаши експресо или много силно черно кафе
- 9 унции Ladyfingers или 14 унции. ангел
- Храна или пандишпан, тънко нарязан
- 1 супена лъжица неподсладено какао

ИНСТРУКЦИИ:
a) В малка купа с помощта на вилица разбийте сиренето на крем. Заделени.
b) Поставете голяма (с капацитет около 10-12 чаши) метална купа върху съд с вряща вода. С помощта на ръчен електрически миксер, настроен на средно висока степен, разбийте захарта и жълтъците в купата за 1 минута или докато сместа се смеси добре. С миксер на ниска скорост, за да предотвратите разпръскване, постепенно добавете виното.
c) Продължете да готвите и разбийте сместа, като увеличите скоростта до средна и след това до висока, когато сместа се сгъсти. Гответе и разбивайте за 5-7 минути, или докато сместа се сгъсти и светне, като изстъргвате често стените на купата с гумена шпатула.
d) Махнете купата от котлона и продължете да разбивате сместа още 1 минута. Разбийте сиренето, докато се смеси (прави около 5 чаши).
e) Изсипете една чаша експресо в малка плитка купа, която е достатъчно голяма, за да побере дамски пръст, ако е поставена хоризонтално в купата.
f) Бързо потопете заоблената горна страна на всеки дамски пръст в експреса. Само горната половина на женските пръсти трябва да се напои с експреса. Ако дамските пръсти

се намокрят твърде много, ще се разпаднат! Добавете още кафе в купата, ако е необходимо.

g) Поставете женските пръсти с плоската страна надолу на дъното на стъклен или керамичен тиган 13 х 9. Не използвайте метален съд. Оформете един слой. Изсипете половината от кремовата смес върху дамските пръсти и разстелете, за да ги покриете. Потопете останалите дамски пръсти в експреса.

h) Изсипете останалата кремова смес върху дамските пръсти и разпределете на равномерен слой.

i) Поставете какаото в цедка и поръсете равномерно горната част на тирамисуто. Покрийте и охладете за поне 10 часа.

80. Любимото тирамису на семейството

Прави: 4 порции

СЪСТАВ:
- 1 купена от магазина жълта торта или -- 1 кутия ladyfinger
- Контейнер от 16 унции сирене рикота ½ с плюс 2 супени лъжици захар ½ с тежка сметана
- 8 унции полусладък шоколадов чипс
- 1½ с силно кафе
- Неподсладено какао на прах

ИНСТРУКЦИИ:
a) Поставете средна купа във фризера. Нарежете кейка на ½ инчови филийки. Във втора средна купа комбинирайте рикота с ½ чаша захар.
b) Извадете купата от фризера и добавете сметаната и разбийте с електрически миксер на висока степен, докато задържи твърди върхове. С гумена шпатула разбийте сметаната в сместа от рикота. Сгънете в шоколадовия чипс.
c) Постелете дъното на дълбока стъклена купа за сервиране с резени паунд кейк, като нарежете тортата, колкото е необходимо, за да покриете дъното. Разбъркайте останалата захар в кафето. Потопете четката за сладкиши в кафето и намажете тортата, докато се напои.
d) С помощта на гумена шпатула разпределете внимателно ¼ от сместа с рикота върху първия слой на тортата. Подредете друг слой торта върху сместа с рикота и използвайте четка за сладкиши, за да го напоите с кафе.
e) Покрийте тортата с друг слой смес от рикота. Повторете, докато получите 4 слоя от всеки, завършвайки със слоя рикота.
f) Покрийте и охладете за поне 4 часа. Поръсете какао на прах отгоре преди сервиране.

81. Хонконгско тирамису

Прави: 8 порции

СЪСТАВ:
- 12 големи яйца
- ¾ чаша захар
- ½ чаша брашно; плюс 2 с.л
- 3 супени лъжици царевично нишесте
- 3 унции масло, разтопено
- 1¼ паунда сирене маскарпоне
- ½ чаша захар
- 5 Разделени
- 2 супени лъжици какао
- 2 супени лъжици Амарето Галиано
- 2 супени лъжици ром Myer's
- 2 супени лъжици Калуа
- ½ чаша еспресо, охладено
- Захарен сироп

ИНСТРУКЦИИ:
ТОРТА:

a) Разбийте 12 яйца и захарта за 15 минути или докато сместа стане пухкава. Пресейте заедно брашното и царевичното нишесте.
b) Сложете брашното и царевичното нишесте в яйчената смес и разбъркайте леко. Залейте с разтопеното масло и разбъркайте.
c) Печете в намаслена и леко набрашнена кръгла форма за кекс с размер 9" на 400F за около 25 минути. Охладете; нарежете на филийки с дебелина ½".

ЗА СГЛОБЯВАНЕ:

d) Разбъркайте леко маскарпонето, ¼ чаша захар и 5 жълтъка. Разбийте белтъците и ¼ чаша захар за 15 минути или докато станат пухкави. Смесете сместа от маскарпоне с белтъчната смес.
e) Смесете заедно всички съставки на сместа за сироп. Намажете нарязания пандишпан със сиропираната смес, докато пандишпанът се напои напълно със сиропа.
f) Наредете голяма стъклена купа с парчетата торта. Добавете част от сместа с маскарпоне.
g) Поставете друг слой торта отгоре. Добавете още един слой маскарпоне. Продължете да редувате слоевете. Приберете в хладилник за 1 час.
h) Поръсете с какао на прах.

82. Тирамису на Состанца

Прави: 12 порции

СЪСТАВ:
- 17 унции маскарпоне
- 1 чаша гранулирана захар
- 2 жълтъка
- 1 супена лъжица ванилия
- 6 супени лъжици коняк или бренди
- 2 чаши сметана за разбиване
- 5 чаши еспресо
- 1 чаша настърган полусладък шоколад
- 2 пакета бисквити Шампанско (около 40 бр.)

ИНСТРУКЦИИ:
a) Крем маскарпоне със захарта, жълтъците, ванилията и 2 с. л. коняк.
b) В друга купа разбийте сметаната на твърд сняг. Внимателно добавете сместа с маскарпоне. Запази самообладание.
c) Когато еспресото се охлади, добавете останалите 4 супени лъжици коняк.
d) Използвайки тава с лист 9 на 16 инча (трябва да има 1-инчови ръбове), разпределете четвърт инчов слой от крема с маскарпоне около пет инча широк надолу по средата.
e) Бисквитите се потапят леко в еспресото и се редят на един ред върху сместа с маскарпоне по цялата дължина на тавата.
f) С помощта на шпатула нанесете половин сантиметров слой от крема с маскарпоне върху бисквитите. Поръсете с една четвърт от настъргания шоколад.
g) Повторете за още 2 слоя, като покриете последния слой с настърган шоколад.
h) Облицовката на бисквитите в различни посоки във всеки слой ще направи десерта по-твърд за нарязване. Охладете няколко часа до една нощ.

83. Тирамису без яйца

СЪСТАВ:
- 1 чаша бита сметана
- Какао на прах, неподсладено
- Натрошени диджестив бисквити
- 2 супени лъжици разтворимо кафе плюс половин чаша топла вода
- Храносмилателни бисквити, пандишпан или дамски пръсти
- Ягода за гарнитура

ИНСТРУКЦИИ:
a) Разбийте сметаната, докато образува меки връхчета
b) Добавете разтворимото кафе към топлата вода и разбъркайте. Можете да използвате и сладко вино
c) Накиснете бисквитите си в кафето
d) Вземете голяма купа и поставете слой от напоените бисквити като най-долния слой.
e) Покрийте със слой от бита сметана и част от натрошените диджестив бисквити
f) Завършете със слой неподсладено какао на прах. Използвайте сито за най-добри резултати
g) Създайте толкова слоеве, колкото желаете. Уверете се, че какаовият слой е последен.
h) Приберете в хладилник за поне 45 мин. Гарнирайте с ягода, докато сервирате.

84. Марсала Тирамису

Прави: 6 порции

СЪСТАВ:
- ⅓ чаша захар
- 5 яйца
- ⅓ чаша марсала
- ½ чаша сметана за разбиване
- 1 килограм сирене маскарпоне
- 2 супени лъжици лимонова кора
- 1 чаша кафе еспресо, студено
- 24 Дамски пръсти
- 2 унции горчив шоколад, настърган

ИНСТРУКЦИИ:
a) В силен съд, на средно слаб огън, разбийте заедно захарта и яйцата, докато станат на пяна. Продължете да разбивате, докато сместа започне да се сгъстява.
b) Разбийте ¼ чаша марсала и продължете да готвите, докато сместа покрие гърба на лъжица. Изстържете в купа и резервирайте.
c) Разбийте сметаната докато запази формата си. Със същите бъркалки разбийте заедно маскарпонето и лимоновата кора, докато сместа омекне. Сложете сместа от яйца/марсала и разбитата сметана.
d) Комбинирайте еспресо и останалите 2Tb марсала. Потопете дамските пръсти в кафеената смес два по два и накиснете равномерно. Поставете слой дамски пръсти на дъното на съд с размери 11x7 инча. Намазват се с половината от крема маскарпоне. Поръсете с настърган шоколад. Добавете още един слой напоени дамски пръсти.
e) Отгоре намажете с крем маскарпоне и останалия шоколад.

85. Тирамису корона

Прави: 1 порции

СЪСТАВ:
- 10 милилитра желатин; (2 ч.л.)
- 50 грама пудра захар; (2oz)
- 40 милилитра разтворимо кафе; (2 супени лъжици)
- 100 милилитра Тиа Мария или кафе ликьор; (5 супени лъжици)
- 284 грама Спондж пръсти
- 7 Cadbury's Flake от пакета 99; (7 до 8)
- 200 грама шоколад Cadbury's Bournville
- 2 кашена от 250 г сирене Маскарпоне; или твърд крем
- ; сирене
- 284 милилитра двоен крем; (1/2 пинта)
- 40 милилитра какао Cadbury's; (2 супени лъжици)

ИНСТРУКЦИИ:
a) Разтворете желатина в малко гореща вода.
b) Смесете захарта и кафето с 2 супени лъжици вряща вода, след това смесете в прозрачния желатин с 2 супени лъжици ликьор.
c) Потопете пандишпанови пръсти в останалия ликьор, след което наредете плътно основата и стените на формата, като люспите са равномерно разположени около ръба.
d) Разтопете внимателно шоколада. Разбийте заедно сиренето и кафето, след това разбийте сметаната и охладения шоколад, като продължите да разбивате, докато сместа се сгъсти; лъжица в тигана. Оставете в хладилник за една нощ, докато стегне.
e) Поръсете обилно с какао, извадете от формата и сервирайте върху атрактивна чиния с декорация в центъра. Завържете панделка около десерта, ако желаете. Сервирайте на филийки.

86. **Тирамису тане**

Прави: 1 порции

СЪСТАВ:
- 4 цели яйца
- 4 супени лъжици кристална захар (много фина).
- 26 унции сирене Маскарпоне
- 1 чаша вино Марсала или средно шери
- 24 течни унции Силно, подсладено кафе
- 1 чаша вино шотландско уиски или бренди
- 2 опаковки Спондж пръсти
- Неподсладено какао на прах
- 3½ унция Добър черен шоколад

ИНСТРУКЦИИ:
a) Разбийте яйцата и захарта с бъркалка до бледа и пяна.
b) Разбийте маскарпонето лъжица по лъжица, след това разбийте марсалата. Поставете кафето и уискито или брендито в плитък съд.
c) Потопете бисквитите за кратко в кафеената смес, след което ги наредете в избрания от вас съд или форма. Изрежете бисквитите, за да запълните празнините. След като блатът се изравни, се разпределя половината смес от маскарпоне.
d) Пресейте върху слой какао на прах и след това повторете.
e) Охладете за поне 6 часа, след което сервирайте, поръсен с настърган черен шоколад.

87. Тирамису семифредо

Прави: 6

СЪСТАВ:
- 1 1/2 чаши (375 ml) еспресо, плюс 1 супена лъжица допълнително
- 1/4 чаша (60 ml) Frangelico
- 1/2 чаша (110 г) пудра захар
- 4 яйца, отделени
- 2 чаши (500 мл) гъста сметана
- 1 ч. л. ванилов екстракт
- 100 г маскарпоне, стайна температура
- 1 супена лъжица холандско какао на прах, плюс допълнително към праха
- 20 бисквити савоарди

ИНСТРУКЦИИ:
a) В малка купа смесете еспресото и Frangelico и оставете настрана.
b) Поставете захарта и яйчните жълтъци в стоящ миксер, снабден с приставката за разбиване, и разбийте до бледа и кремообразна смес. Прехвърлете в купа. Почистете купата на миксера.
c) Поставете сметаната и екстракта от ванилия в чистата купа на миксера и разбийте до меки върхове. Добавете маскарпоне, разбийте, докато се смеси и прехвърлете в отделна купа.
d) Внимателно измийте и подсушете купата на миксера и разбийте. Поставете белтъците и щипка сол на люспи в купата и разбийте до много твърди върхове. Внимателно разбъркайте сместа от бита сметана и сместа от яйчен белтък в сместа от яйчен жълтък, докато се комбинират.
e) Поставете половината смес в отделна купа. Разбъркайте какаото и допълнително 1 супена лъжица еспресо.
f) За да сглобите, покрийте форма за хляб с найлоново фолио с дълбочина 7 см и размери 30 см x 10 см. Потопете половината савоарди в сместа Frangelico и поставете в

основата на съда. Отгоре се залива с еспресо крем. Потопете останалото савоярди в сместа Frangelico, наслоете върху сметаната за еспресо, след това намажете отгоре с обикновена сметанова смес. Покрийте с найлоново фолио и поставете във фризера за 6 часа или докато стегне.

g) Когато сте готови за сервиране, обърнете тирамисуто върху чиния за сервиране и отстранете тигана и пластмасовото фолио. Поръсете с допълнително какао и нарежете за сервиране.

88. Джин-мису

Прави: 6

СЪСТАВ:
- 150 мл Tanglin Honey Bean Coffee Gin Liqueur
- 150 г крем маскарпоне
- 150 мл гъста сметана
- 25 г пудра захар, пресята
- 1 чаена лъжичка ванилова паста или 1 шушулка ванилия
- 3 Савоярди (бисквити Lady Finger), нарязани на кубчета 2 см
- 250 мл купен от магазина карамелен сладолед макадамия или карамел
- 100 г качествен млечен шоколад, настърган на ситно

ИНСТРУКЦИИ:
a) Маскарпонето, сгъстената сметана, пудрата захар и ванилията се разбиват, докато сместа се смеси и леко газира.
b) Разпределете нарязания Savoiardi в 6 чаши за сервиране и изсипете 1 супена лъжица Tanglin Honey Bean Coffee Gin Liqueur върху бисквитите във всяка чаша. Поръсете всяка чаша с голяма лъжица маскарпоне.
c) Поръсете настърган шоколад върху сместа с маскарпоне, отгоре сложете лъжица сладолед и завършете с останалата част от маскарпонето, като разпределите равномерно в чашите. Настържете върху шоколад за сервиране.

89. Нутела тирамису

Прави: 10

СЪСТАВ:
- 225 г Нутела
- 1 супена лъжица какао на прах, плюс допълнително към праха
- 1 чаша (250 мл) гъста сметана
- 4 яйца, разделени (ние използвахме Woolworths Macro)
- 1/2 чаша (110 г) пудра захар
- 3 чаши (750 г) маскарпоне
- 2 чаши (500 мл) силно черно кафе
- 1/2 чаша (125 мл) лешников ликьор
- 350 г пандишпанови бисквити (савоярди)
- 100 г лешници, препечени, нарязани на ситно

ИНСТРУКЦИИ:
a) За да направите Нутела ганаш, поставете Нутела, какао и 100 мл сметана в купа и разбъркайте, за да се смесят.
b) За да приготвите крема с маскарпоне, поставете жълтъците и захарта в миксер, снабден с приставката за разбиване, и разбийте за 4-5 минути или докато стане гъста и бледа. Добавете маскарпонето и останалите 150 мл сметана и разбийте до гъста смес. Прехвърлете в купа и оставете настрана.
c) Почистете купата на миксера и бъркалката и ги подсушете добре. Добавете белтъците и разбийте на твърд сняг. На 2 партиди внимателно добавете яйчен белтък към сместа с маскарпоне, след което охладете за 1 час или докато стегне.
d) За да сглобите тирамисуто, комбинирайте кафе и лешников ликьор в плитък съд. Потопете достатъчно бисквити в кафеената смес, за да покриете дъното на 2L (8 чаши) съд. Покрийте бисквитите с половината лешници, след това сложете с лъжица половината Нутела ганаш, като използвате палитра, за да разпределите равномерно. Отгоре намажете с половината крем маскарпоне и

разпределете равномерно. Повторете с останалите бисквити, лешници и Нутела ганаш.

e) За маркирания горен слой прехвърлете останалия крем от маскарпоне в торбичка, снабдена с обикновена дюза 1,6 cm.

f) Тръба 2 см кръгове върху тирамису. Охладете за 2 часа или за една нощ, за да стегне леко. Поръсете с допълнително какао за сервиране.

90. Тирамису с манго и макадамия

Прави: 8

СЪСТАВ:
- 1/2 чаша (110 г) пудра захар
- 3 яйца
- 2 ч.л. паста от ванилови зърна
- 375 г маскарпоне, на стайна температура
- 2 x 200 ml Bulla Double Cream, на стайна температура
- 1/2 чаша (125 мл) ликьор от макадамия, бренди или ром
- 1 чаша (250 мл) сок от манго
- 300 г бисквити савоярди
- 3 манго, нарязано месо
- 150 г макадамия, препечена и нарязана

ИНСТРУКЦИИ:

a) Комбинирайте захарта, яйцата и ванилията в топлоустойчива купа, поставена върху тенджера с кипяща вода, като се уверите, че купата не докосва водата. Използвайки електрически ръчни бъркалки, разбийте в продължение на 8 минути или докато сместа стане гъста и бледа. Свалете от котлона и оставете настрана да изстине напълно.

b) Добавете маскарпоне и двоен крем Bulla към яйчената смес и разбийте за около 30 секунди, докато се сгъсти и смеси. Комбинирайте портокаловия сок и ликьора в купа и оставете настрана.

c) Работете с една бисквита савоярди наведнъж, бързо потопете в сместа от ликьор и подредете в основата на 22 см (капацитет 2 л) квадратна чиния. Повторете, за да оформите пълен бисквитен слой, след което покрийте с половината от сметановата смес, половината от мангото и половината от макадамията. Повторете реденето с потопени бисквити, крем, манго и макадамия, за да оформите 2 слоя.

d) Поставете в хладилника и оставете да стегне в хладилника за поне 3 часа или за една нощ за най-добри резултати.

91. **Тирамису помпички**

Прави: 10

СЪСТАВ:
- 2 супени лъжици оризов малцов сироп
- 2 ч.л разтворимо кафе
- 2 супени лъжици холандско какао на прах
- 500 г гъсто кисело мляко по гръцки
- 125мл гъста сметана
- 1/2 чаша (110 г) пудра захар
- АМАРЕТО КРЪНЧ
- 150 г безглутенова храносмилателна или Anzac бисквита, нарязана
- 1/3 чаша (55 г) бадеми, печени, нарязани
- 1 чаша (220 г) пудра захар
- 1/3 чаша (80 мл) ликьор амарето

ИНСТРУКЦИИ:
a) Комбинирайте сиропа от оризов малц, кафето, какаото и 1/4 чаша (60 ml) вряла вода в кана. Разбийте, за да се комбинират, след което оставете настрана, за да се охлади напълно. Смесете киселото мляко, сметаната и захарта в голяма купа. Разбъркайте, за да се комбинират, след това оставете настрана за 10 минути или докато захарта се разтвори.

b) Поставете 1 чаена лъжичка смес от кафе във всяка форма за леден стълб, след което разпределете половината смес от кисело мляко между формички. Налейте отгоре 1 супена лъжица смес от кафе, след това добавете останалата смес от кисело мляко. Използвайте шишче, за да накълцате, след което закрепете плътно горните части с фолио. С помощта на малък, остър нож, изрежете малка дупка във фолиото в центъра на всеки леден стълб и поставете пръчка за гребло. Замразете за една нощ или докато замръзне.

c) За трохите амарето разпределете безглутенови бисквити и бадеми в тава, застлана с хартия за печене. Поставете захар, амарето и 1 супена лъжица вода в малка тенджера на среден огън. Гответе, като разбърквате, за 3-4 минути,

докато захарта се разтвори. Варете, без да разбърквате, 10 минути или докато стане златисто и сиропът достигне 180°C на захарен термометър.
d) Изсипете тофи върху бисквитите и оставете настрана за 10 минути, за да стегне. С ръцете си натрошете бисквитките и ги поставете в кухненски робот. Разбийте до фина трохичка.
e) Извадете помпичките от формите и сервирайте с натрошени бисквити.

НАПИТКИ

92. Тирамису маршмелоу шейк

Прави: 2

СЪСТАВ:
- 5 унции тинктура
- 4 големи топки ванилов сладолед
- ½ чаша мока
- бита сметана
- шоколадов сироп
- Какао на прах за поръсване
- Шепа препечени блатове

ИНСТРУКЦИИ:
a) Комбинирайте тинктурата, сладоледа и мока в купа за смесване, докато стане гладка.
b) Изсипете във висока чаша, напълнете с бита сметана, шоколадов сироп и какао на прах и поръсете с какао на прах.
c) Гарнирайте с блата.

93. **Кокосов шейк Тирамису**

Прави: 1

СЪСТАВ:
- 5 унции бадемово мляко
- 3 супени лъжици кокосова сметана
- 2 унции еспресо или много силно кафе
- Шоколад на прах

ИНСТРУКЦИИ:
a) В блендер смесете 2 унции еспресо с 5 унции бадемово мляко.
b) Напълнете висока чаша с около ⅓ пълна със смесената смес и кокосовата сметана и след това покрийте с пръскане с шоколад и още смесена смес.

94. Тирамису Мартини

Прави: 1 коктейл

СЪСТАВ:
- Лед
- 1 унция Baileys Irish Cream
- 1 унция Kahlua
- 1 унция водка
- капка сметана или мляко
- Шоколадов сироп за украса

ИНСТРУКЦИИ:
a) Напръскайте шоколадов сироп на въртене около вътрешността на чашата за мартини.
b) Добавете лед, Baileys, Kahlua, водка и сметана, ако използвате шейкър за коктейли.
c) Разклатете, докато се смесят. След това го прецедете в подготвената чаша.

95. Ледено тирамису лате

Прави: 2 лате

СЪСТАВ:
ЗА ЛАТЕ
- 1 чаша прясно сварено кафе, замразено на кубчета
- 1½ чаши пълномаслено бадемово мляко или соево мляко
- 2 супени лъжици Kahlua Liqueur Кафеен ликьор
- 1 супена лъжица шоколадов сироп
- 1½ супени лъжици мед

ГАРНИТУРИ
- Глазура с маскарпоне
- Шоколадов сироп или натрошени бисквити

ИНСТРУКЦИИ:
a) За да приготвите кафе на кубчета лед, просто изсипете прясно сварено кафе със стайна температура във вашите форми за лед и замразете.
b) Замразени кубчета лед

96. Коктейл с ром Тирамису

Прави: 1

СЪСТАВ:
- 1 ½ унции Cold Brew кафе ликьор
- 1 унция ром
- ¼ унция сироп от канела
- ½ унция Aquavit
- Гарнитура: бита сметана и какао на прах

ИНСТРУКЦИИ:

a) Добавете всички съставки в шейкър за коктейли с лед и разклатете енергично.
b) Прецедете в купе чаша и отгоре намажете с бита сметана.
c) Гарнирайте с какао на прах.

97. Тирамису смути с бисквитки Крамбъл

Прави: 1

СЪСТАВ:
- ½ чаша охладено кафе или студено кафе
- допълнително ½ чаша кафе
- 1 замразен банан
- ¾ чаша немлечно кисело мляко, обикновено или ванилия
- ¾ чаша задушени и след това замразени парчета карфиол
- 1 супена лъжица какао на прах
- 1 чаена лъжичка чист екстракт от ванилия
- 1 порция веган ванилов протеин на прах

ИНСТРУКЦИИ:
a) Добавете кафето към високоскоростен блендер, след което добавете останалите съставки.
b) Започнете да смесвате на ниска скорост, след което бавно увеличете скоростта, като смесвате за кратко на висока, докато стане гладка и кремообразна.
c) Изсипете в чаша и се насладете.

98. Тирамису бананово смути

Прави: 1

СЪСТАВ:
БАЗА
- ½ чаша охладено еспресо
- ¼ чаша кокосова вода
- 2 супени лъжици сурово какао на прах
- ½ обелен замразен банан
- 2 супени лъжици бадемово брашно
- 1 чаена лъжичка органична кокосова захар
- 2-3 фурми Medjool без костилки
- 1 чаена лъжичка чист екстракт от ванилия
- 1 чаена лъжичка мака по желание
- 1 чаена лъжичка мескит по желание
- Щипка морска сол

КРЕМ
- ¾ чаша макадамия, предварително накисната за една нощ
- ½ чаша кокосова вода

ИНСТРУКЦИИ:

a) Комбинирайте всички основни СЪСТАВКИ: първо в блендер. Смесете на висока скорост. Изсипете в чаша.
b) Изплакнете блендера и макадамията.
c) Смесете СЪСТАВКИ на крема: докато стане гладка и кремообразна, и нанесете слой върху основния слой в чашата.

99. Гореща напитка Тирамису

Прави: 4

СЪСТАВ:
- 1/4 чаша сирене маскарпоне
- 2 супени лъжици тежка сметана
- 3/4 чаша мляко
- 1 супена лъжица неподсладено какао на прах
- 1/4 чаша черно кафе
- 1 супена лъжица кленов сироп
- сметана за разбиване, за украса
- разтворимо кафе, за гарнитура
- 1 супена лъжица шоколадов чипс, за гарнитура

ИНСТРУКЦИИ:
a) В средно голяма тенджера разбийте заедно сиренето маскарпоне и тежката сметана. Добавете млякото и загрейте на слаб до среден огън, като разбърквате често, докато се загрее и стане напълно гладко.
b) Добавете неподсладеното какао на прах към сместа и разбъркайте отново за 5 минути, или докато какаото се разтвори напълно.
c) Налейте горещо кафе във всяка чаша за сервиране – кафето трябва да запълва само долната четвърт на чашата.
d) Изсипете сместа шоколад/сирене върху кафето. Добавете кленовия сироп и разбъркайте, докато се смесят напълно.
e) Гарнирайте със сметана за разбиване, капка кленов сироп, малко кафе, прах от какао на прах и няколко парченца шоколад.
f) Сервирайте веднага, за автентичност сервирайте с дамски пръст отстрани.

100. Крем де Тирамису

Прави: 2 порции

СЪСТАВ:
- 1,25 унции ванилия
- маскарпоне
- 0,25 унции какаов крем
- 1 унция студено варено кафе
- тъмен шоколад
- кафени зърна

ИНСТРУКЦИИ
a) Добавете всички съставки с изключение на разбитата сметана в чаша за смесване и разбъркайте за 30-45 секунди.
b) Прецедете в чаша за охладено ирландско кафе.
c) Отгоре намажете с бита сметана Маскарпоне.
d) Гарнирайте с настърган черен шоколад и едно зърно кафе в центъра на коктейла.

ЗАКЛЮЧЕНИЕ

В заключение, нашата готварска книга за съкровищата на Тирамису е истинска съкровищница от вкусни рецепти за Тирамису. Със 100 рецепти за избор и зашеметяваща фотография, придружаваща всяко ястие, тази готварска книга е идеална за всеки любител на Тирамису.

Независимо дали сте опитен готвач или начинаещ в кухнята, ще откриете, че рецептите в тази готварска книга са лесни за следване и дават неизменно вкусни резултати. И така, какво чакате? Добавете нашата готварска книга за съкровищата на Тирамису към колекцията си днес и започнете да се отдадете на сладките вкусове на Италия.

Ingram Content Group UK Ltd.
Milton Keynes UK
UKHW021208310523
422629UK00006B/24